中国政府奖学金生专用教材
A Series of Textbooks Designated for Chinese Government Scholarship Students

预科汉语强化教程系列
Intensive Chinese for Pre-University Students

综合课本
Textbook

总主编 王尧美 李 安
主 编 陈 蒙
副主编 李昊天
编著者 李昊天 陈 蒙

6

北京语言大学出版社
BEIJING LANGUAGE AND CULTURE UNIVERSITY PRESS

图书在版编目（CIP）数据

预科汉语强化教程系列综合课本 . 6 / 陈蒙主编 ；
李昊天，陈蒙编著 . -- 北京 ：北京语言大学出版社，
2021.4

预科汉语强化教程系列 / 王尧美，李安总主编

ISBN 978-7-5619-5817-9

I . ①预… II . ①陈… ②李… III . ①汉语－对外汉
语教学－教材 IV . ① H195.4

中国版本图书馆 CIP 数据核字 (2021) 第 044198 号

预科汉语强化教程系列　综合课本 6

YUKE HANYU QIANGHUA JIAOCHENG XILIE ZONGHE KEBEN 6

项目负责：张维嘉
责任编辑：张维嘉　　英文翻译：杜俊杰　孙齐圣
英文编辑：孙玉婷　　装帧设计：张　娜
排版制作：北京创艺涵文化发展有限公司
责任印制：周　燚

出版发行：北京语言大学出版社
社　　址：北京市海淀区学院路 15 号，100083
网　　址：www.blcup.com
电子信箱：service@blcup.com
电　　话：编辑部　8610-82303647/3592/3395
国内发行　8610-82303650/3591/3648
海外发行　8610-82303365/3080/3668
北语书店　8610-82303653
网购咨询　8610-82303908
印　　刷：北京印迪狗数码科技有限公司

版　　次：2021 年 4 月第 1 版　　印　　次：2021 年 4 月第 1 次印刷
开　　本：889 毫米 × 1194 毫米　1/16　　印　　张：14.25
字　　数：262 千字
定　　价：78.00 元

PRINTED IN CHINA

编写说明

《预科汉语强化教程系列》是一套紧扣《HSK 考试大纲》和《中国政府奖学金本科来华留学生预科教育结业考试大纲》，实践“考教结合”教学思路的初、中级汉语教材。本套教材可作为来华学习理工类、文史类本科专业预科生汉语课程主干教材，也可作为来华长期语言进修生初、中级阶段教材，亦适用于所有希望通过 HSK 一至五级考试的汉语学习者。

一、编写理念

本套教材将留学生日常汉语学习与准备 HSK 考试有机结合起来，旨在从零起点开始，全面培养留学生汉语听、说、读、写技能，帮助学习者逐步掌握 HSK 一至五级大纲所规定的词汇和语言点项目，并能针对大纲所要求掌握的话题展开真实有效的交际。学生“所学”即“所考”，使学习者在逐步提高汉语水平的同时，可顺利通过 HSK 一至五级考试。

二、教材架构

本系列综合教材包括综合课本 6 册、综合练习册 6 册，课本与练习册相搭配。教材严格遵循《HSK 考试大纲》和《中国政府奖学金本科来华留学生预科教育结业考试大纲》的要求，具体安排如下：

第 1、2 册全面覆盖 HSK 一至三级大纲 600 词，涉及部分 HSK 四级词，全面覆盖 HSK 一至三级大纲的语言点项目。课文在注重真实性的基础上，依照 HSK 一至三级话题大纲进行编写。学习者在完成第 1 册的学习后，汉语可达到HSK二级水平；在完成第 2 册的学习后，汉语可达到 HSK 三级水平。

第 3、4 册全面覆盖 HSK 四级大纲 1200 词以及 HSK 四级大纲的语言点项目。课文依照 HSK 四级话题大纲进行编写，并对相关话题进行了提升与扩充。学习者在完成第 3、4 册的学习后，汉语可达到 HSK 四级水平。

第 5、6 册全面覆盖 HSK 五级大纲 2500 词及《中国政府奖学金本科来华留学生预科教育结业考试大纲》3000 词，并全面覆盖 HSK 五级大纲的语言点项目。课文依照 HSK 五级话题大纲进行编写或改写，注重内容的真实性，兼顾趣味性。学习者在完成第 5、6 册的学习后，汉语可达到HSK五级水平，并可顺利通过中国政府奖学金本科来华留学生预科教育结业考试。

三、教材特点

1. 大纲、考试题型全覆盖

本套教材全面覆盖两套大纲的词汇、语言点及话题任务，课本配套的练习册也全面覆盖了 HSK 一至五级考试及中国政府奖学金本科来华留学生预科教育结业考试的题型。学生的课堂练习及日常作业就是针对两套考试的有效操练，实现了课堂教学和两套考试的无缝衔接。教师也可以直接利用教材中的习题指导学生备考，以大大提高教学效率。

2. 结构、功能、任务兼顾，听、说、读、写并重

本套教材完全依据两套大纲的要求，由浅入深呈现语言结构。教材中的课堂练习是针对汉字、词汇、句型和课文等的反复操练，旨在夯实学生的语言基础。综合课本配套的练习册除进一步操练语言结构外，也贯彻任务法的教学理念，兼顾了对学生阅读、写作能力的培养和训练，使学生在顺利通过 HSK 一至五级考试、中国政府奖学金本科来华留学生预科教育结业考试的同时，汉语能力得到全面提高。

3. 分散难点，重视复现

本套教材依据两套大纲编写，但也不拘泥于两套大纲。教材语言点、话题的编排均将两套大纲中的难点打散，使学生能够一步步地掌握难点，易于学生接受。另外，本套教材还重视词汇、语言点和话题的复现，不断巩固学生的学习成果。

四、编写体例

本套教材每 4 课为一个教学单元，编排一个单元复习，进行课文内容和语法学习的小结与梳理，使学生对所学内容进行充分的练习和复习。具体编写体例如下：

1. 第 1、2 册编写体例

综合课本

每课均由热身活动、词汇与课文、语言点讲解及操练、课堂练习、任务活动、中国文化六部分组成。第 1 册包含预备课 4 课，教授汉语拼音和汉字基础知识。第 2 册每课还配有词语辨析。

热身活动：引入整课主题，激活学生的背景知识和相关词汇。

词汇与课文：词汇紧扣两套大纲；每课包含两篇对话，课文内容真实鲜活，配有拼音文本，在课本最后还附有课文的英文翻译。

语言点讲解及操练：语言点讲解突出语法格式、易错点提醒及近义词辨析等内容，中、英双语对照。每个语言点均配有微型练习。词语辨析是对易混词语的词义、用法进行精准讲解，解决学生词语学习痛点。

课堂练习：包括汉字练习、词语练习、句型练习和课文练习四部分，以兼顾结构、功

能、任务为设计理念。

任务活动：以现实生活中实际出现的情景为场景，引导学生使用当课所学语言要素完成交际任务，指导语中、英双语对照。

中国文化：古今并重，内容涉及中国的政治、经济、历史、地理、教育、艺术、民俗及中国人的现代生活等多个方面。

综合练习册

每课设有 13 个题型，分别为打字练习、标注声调、看拼音写汉字、选词填空、给词语选择位置、词汇或语法单项选择、对画线部分提问、连词组句、会话配对、完成会话、阅读理解、看图写句子、汉字书写。习题形式多样，可作为课堂练习的一部分，也可作为学生的课后作业。

2. 第 3、4 册编写体例

综合课本

每课均由热身话题、词汇与课文、语言点讲解及操练、课堂练习、任务活动五部分组成。

热身话题：设置 2 个问题，引入整课主题，激发学生对学习内容的兴趣，激活学生的背景知识和相关词汇。

词汇与课文：词汇紧扣两套大纲；课文一为对话体，课文二为叙述体，两者内容相关度高，语言真实、生动、鲜活。

语言点讲解及操练：语言点讲解简洁清晰，包含解释和例句，突出语法格式、易错点提醒及近义词辨析。每个语言点均配有微型练习。

课堂练习：以兼顾结构、功能、任务为设计理念，包括读拼音写汉字、根据课文内容回答问题、完成句子或对话、根据课文内容填空等。

任务活动：以现实情景为场景，引导学生使用当课所学语言要素完成交际任务。

综合练习册

每课设有 9 个题型，分别为选择正确答案、选词填空、给词语选择位置、组词成句、会话配对、给句子排顺序、阅读理解、阅读文章回答问题、写作。习题形式丰富，可作为教师讲解过程中的巩固性练习，也可作为学生的课后作业。

3. 第 5、6 册编写体例

综合课本

每课均由知识背景、热身讨论、自学生词、课文与生词、语言点学习、课文理解、表达技巧、任务活动、词语拓展九部分组成。

知识背景：提供围绕本课主题的 100 字左右阅读材料，导入新课。

热身讨论：设置与课文相关的 4 ～ 5 个问题进行讨论，使学生快速进入学习状态。

自学生词：引导学生自学非重点实词，完成相关练习。

课文与生词：词汇紧扣两套大纲；课文主题来自 HSK 五级话题大纲，注重真实性，兼顾趣味性。其中，重点词语学习部分，突出使用格式与搭配，例句丰富，并配有互动性问题；词语综合练习部分，整合全课生词，以练代讲；近义词辨析部分，精选两组词语进行精确对比。

语言点学习：涵盖 HSK 五级语言点大纲，以虚词、复句等内容为主。每个语言点均配有讲解、例句和微型语法练习，形式多样。

课文理解：采用问答、选择的形式考查学生对课文内容的掌握程度，并通过多种题型帮助学生理解课文结构。

表达技巧：每课讲解 1 ～ 2 个随文出现的表达技巧，涵盖了汉语写作中常用的修辞方法、记叙表达方式、说明方法和议论方法，并配以题型丰富的多种练习以提高学生阅读和写作能力。

任务活动：引导学生使用本课所学词汇、语言点完成任务活动。

词语拓展：以该课主题为中心，拓展相关词汇，有效提高学生识记生词的效率。

综合练习册

每课设有 12 个题型，包括语音与汉字、词汇与语法、阅读与写作三大部分。习题形式丰富，覆盖 HSK 五级及中国政府奖学金本科来华留学生预科教育结业考试全部题型。

五、教学建议

本套教材建议每课用 4 ～ 5 课时完成。如一周有 20 课时，每周可完成 4 课。如选择“主讲 + 复练”的教学模式，“主讲”教师负责主讲生词和语言点，让学生熟练掌握课文的内容，并完成课本上的练习；“复练”教师负责生词、语言点的扩展性和交际性教学，并负责完成练习册上练习题的教学。

六、编写团队

本套教材编写团队由长期在对外汉语教学一线工作的教师组成。总主编为王尧美教授、李安副教授。编写成员及分工如下：

第 1 册综合课本及练习册由黑琨、李昊天、陈蒙、甄珍、张举英编写，李昊天统稿。

第 2 册综合课本及练习册由张举英、黑琨、陈蒙、李昊天、甄珍编写，陈蒙统稿。

第 3 册综合课本及练习册由杜文倩、布莉莉、朱瑞蕾、李安、李晓婧编写，杜文倩统稿。

第 4 册综合课本及练习册由朱瑞蕾、李安、李晓婧、杜文倩、布莉莉编写，朱瑞蕾统稿。

第 5、6 册综合课本及练习册由李昊天、陈蒙负责编写并统稿。

样课编写：陈蒙。

词频统计技术支持：李安。

北京语言大学刘珣教授、崔永华教授等专家对本套教材提出了很多宝贵的编写和修改意见，教材初稿由李昊天、刘冰冰、张举英、连佳等任课教师进行了两学期的课堂试用，他们还对教材提出了很多切实的修改意见，在此特别致谢！

悬请广大师生在教材使用过程中提出宝贵意见。

本系列教材中的部分选文，由于多方面的原因，使用前未能与所有权利人一一取得联系，同时因教学需要，我们对作品进行了必要的调整。对此，我们深表歉意，并衷心希望得到权利人的理解和支持。希望原文作者与编者联系，妥善解决版权问题。

编著者

2020年10月

目　录

背景知识

如今，虽然不少年轻人因为工作繁忙无法回家与父母共度春节，或者在春节期间选择外出旅游，但回家过年仍是绝大多数中国人的传统。每年的春节假期也许是在外工作的子女一年中陪伴父母最长的一段时间。因此，每年春节前后 40 天左右的“春运”被称为世界上规模最大的周期性人口流动。

热　身

1. 在你的国家，人们一般什么时候回父母家与他们团聚？
2. 如果因工作无法经常回家，你会做什么？
3. 中国人常说“父母在，不远行”，你觉得这是什么意思？
4. 在你的语言中，有没有类似的说法？

自学生词

课前查词典自学以下生词，然后把相应的词语填入不同类别中。

词语	拼音	意思
数码		
大厦		
计算机		
数据		
鼠标		
键盘		
开关		
家乡		
长辈		
福		
日历		
除夕		

词语	拼音	意思
脑袋		
公寓		
牙刷		
充电器		
必需品		
登机牌		
青春		
乘务员		
飞行		
外公		
外婆		

1 物品

2 家庭

3 日期

4 航班

课 文

回家过年

01

① 硕士毕业后，我来到了北京，这个聚集了无数为梦想奋斗的年轻人的城市。

② 转眼间，我在这家数码公司已经工作了七八年了。每天在高楼大厦里打工、挣钱，和计算机中的各种数据打交道，和鼠标、键盘成了最亲近的朋友。开不完的会和写不完的报告让我感觉自己就像一台不知疲倦的机器，开关从被打开的那一天起就从未[A]关上过。由于平时工作异常繁忙，回家乡看父母的次数少得可怜，仅有的机会便是春节。但今年春节，我想趁七天的假期去南方放松一下心情，好好儿歇一歇。由于无法回家陪长辈过年，我事先跟他们打好了招呼，说明年"五一"假期准回去。

③ 一天下午，偶然[B]翻到妈妈发的朋友圈，说家里的"福"字已经贴好了。看了一下日历，后天竟然就是除夕了。看到照片中那熟悉而[C]陌生的家，我的脑袋里全都是父母盼望我回家的眼神和得知我不能回去的失落。那一刻，我做了一个决定——取消行程，立即[D]回家！

④ 跟公司请好假并安排完工作后，我便着手退票、订票。由于是一个临时[E]的决定，高铁票早已卖光，幸运的我抢到了当天最后一个航班的最后一张机票。来不及收拾行李，回到公寓匆忙拿上牙刷、充电器等必需品，我就向机场奔去，终于在最后一刻换好登机牌上了飞机。

⑤ 回家的路好漫长。回想起这些年的日子，我欠长辈的似乎[F]太多太多。爸妈都是医生，平时言语不多，但我的每个决定他们都无条件支持，给我加油。从上大学起，我独自走南闯北，银行账户里的钱越来越多，陪在父母身边的日子却越来越少。青春需要努力，需要奋斗，但更重要的是要给家人足够的陪伴，因为这件事谁也无法替我们完成。而我，是不是太自私了呢？

⑥ "先生，飞机开始降落了，请您系好安全带。"乘务员的话把我拉回到了现实。透过窗，看到飞机已在家乡的上空飞行。这是座古老的小城，它的经济虽不见得[G]有多么发达，但是却有北京、上海这种超大城市所缺少的那份人情味，让每个来到这里的人都能感受到温暖。

⑦ 回家的路上，我的心情一直无法平静，既有马上见到亲人的兴奋，又怕他们不在家。不知道自己带给他们的这个惊喜能否成为这个春节他们收到的最好的礼物。推开门，父母一下子惊呆了，随即便不停地"怪"我为什么不提前说一声，他们好[H]准备我最爱吃的饭菜。得知我还没吃晚饭，妈妈连忙递给我刚做好的炸鱼，爸爸则进屋把我回来的消息告诉外公、外婆。看到我回来，外

公、外婆的脸上也都露出了笑容。我赶紧跑过去，给他们每个人一个大大的拥抱。我努力忍住自己的泪水，但眼睛还是模糊了，我在心中默默地告诉自己：每年春节，都要回家！

（全文约 1020 字，大约需要 7.5 分钟）

生 词

1	聚集	jùjí	V	to gather; to assemble	聚集在学校门口、聚集起来
2	转眼	zhuǎnyǎn	V	in an instant; in a flash	转眼间、转眼就……、一转眼
3	挣	zhèng	V	to earn	挣钱、自己挣来的
4	打交道	dǎ jiāodao	IE	to come into contact with	跟别人打交道
5	报告	bàogào	N/V	report; to report	写一份报告、向领导报告
6	疲倦	píjuàn	Adj	tired and sleepy	感到疲倦、不知疲倦
7	从未	cóngwèi	Adv	never	
8	繁忙	fánmáng	Adj	busy	工作 / 学业繁忙、繁忙的机场 / 一天
9	歇	xiē	V	to have a rest	歇半个小时
10	事先	shìxiān	N	in advance	事先不知道 / 准备好 / 预约
11	准	zhǔn	Adv	definitely; sure	准参加 / 回去 / 能来
12	偶然	ǒurán	Adv/Adj	by accident; accidental	
13	贴	tiē	V	to paste; to stick	贴在墙上、贴“福”字
14	眼神	yǎnshén	N	expression in one’s eyes	用奇怪的眼神看着
15	得知	dézhī	V	to have learned; to know	从报纸上得知、得知情况后
16	失落	shīluò	Adj	dejected; disappointed	失落的样子、内心感到失落、失落感
17	取消	qǔxiāo	V	to cancel	取消活动 / 航班 / 计划
18	行程	xíngchéng	N	journey; itinerary	旅游行程、制定行程
19	立即	lìjí	Adv	immediately	
20	着手	zhuóshǒu	V	to get started with	着手去做、着手准备、从……方面着手
21	退	tuì	V	to return (goods, etc.)	退票、退货、退换商品
22	临时	línshí	Adj/Adv	temporary; ad hoc	
23	匆忙	cōngmáng	Adj	hasty; in a hurry	匆忙走进房间、走得太匆忙
24	奔	bēn		to run quickly	奔向父母
25	漫长	màncháng	Adj	(of time) very long	漫长的等待

26	欠	qiàn	V	to owe	欠钱、欠人情、欠考虑
27	似乎	sìhū	Adv	as if; seemingly	
28	言语	yányǔ	N	speech; what one says	注意自己的言语、在言语上
29	加油	jiā//yóu	VO	to make a greater effort	为 / 给他加油、继续加油
30	走南闯北	zǒunán-chuǎngběi	IE	to travel widely	独自走南闯北
31	账户	zhànghù	N	account	银行账户、开一个账户
32	替	tì	V	to take the place of	替你做、替他、替得 / 不了
33	自私	zìsī	Adj	selfish	自私的人、想法很自私
34	系	jì	V	to fasten	系鞋带、系好安全带
35	透过	tòuguò	V	to penetrate; to get through	透过窗户
36	古老	gǔlǎo	Adj	ancient	古老的建筑 / 城市
37	不见得	bújiànde	Adv	not necessarily	
38	超	chāo	Adv	super-	超好吃 / 棒
39	人情味	rénqíngwèi	N	human touch	有人情味
40	随即	suíjí	Adv	soon after that	随即开始 / 进行
41	怪	guài	V	to blame (sb.)	怪朋友、错怪别人、别怪我
42	好	hǎo	V	so as to; so that	
43	递	dì	V	to hand (sb. sth.); to pass (sth. to sb.)	递给我、递上名片
44	炸	zhá	V	to deep-fry	炸鱼、油炸食品
45	消息	xiāoxi	N	message; news	一条消息、最新消息、小道消息
46	露	lù	V	to reveal; to show	露出笑容
47	拥抱	yōngbào	V	to hug; to embrace	给孩子一个拥抱、拥抱爱人
48	忍	rěn	V	to bear; to endure	忍住、忍不住、忍着
49	泪水	lèishuǐ	N	tear(s)	流下泪水、伤心的泪水
50	模糊	móhu	Adj	blurred	眼前一片模糊、声音模糊
51	默默	mòmò	Adv	quietly; silently	默默（地）坐在一边 / 支持 / 付出

重点词语学习

	词语	搭配	例句
1	转眼	转眼间	转眼间，孩子就上小学了，时间过得太快了。
		转眼就……	我来中国转眼就要三年了。
		一转眼	一转眼这么多年过去了，她看起来还是那么年轻。

	词 语	搭 配	例 句
2	事先	事先不知道	我事先不知道今天会见到她，所以没准备礼物。
		事先准备好	上课时，老师拿出事先准备好的教学用具。
		事先预约	如果你想去国家博物馆参观，可以事先在网上预约门票。
3	失落	失落的样子	看他失落的样子，我能理解他此时的心情。
		内心感到失落	把最好的朋友送上火车，我内心感到有些失落。
		失落感	我每次看完一部电视剧都有一种失落感，感觉故事还没结束。
4	取消	取消活动	因现场聚集了大量观众，组织者担心大家的安全，所以取消了这次活动。
		取消航班	由于天气原因，上午十点飞北京的航班取消了。
		取消计划	家人突然生病，我们外出旅行的计划取消了。
5	着手	着手去做	想做什么就着手去做，不要只是空想。
		着手准备	明年就要毕业了，我要着手准备找工作了。
		从……方面着手	培养孩子独立生活的能力，应从多方面着手。
6	欠	欠钱	同学还欠我几千块钱没还。
		欠人情	我不爱找朋友帮忙，因为不想欠他们人情。
		欠考虑	我觉得这样做有些欠考虑，再想个更好的办法吧。
7	替	替你做	你要是有事来不及做，我可以替你做。
		替他	小王有事来不了了，你替他吧！
		替得 / 不了	学习是自己的事，考试的时候谁也替不了你。
8	随即	随即开始	报完到后，我的留学生活随即开始了。
		随即进行	交警发现该名司机有交通违法行为，随即对他进行了批评教育。
		随即，……	她满脸不高兴地走进房间，随即，房间里传来摔杯子的声音。
9	忍	忍住	我常告诉自己，不管孩子做什么都要忍住，不要发火。
		忍不住	在机场跟家人告别的时候，我忍不住哭了。
		忍着	我最近在减肥，看到好吃的也得忍着不吃。

	词语	搭配	例句
10	默默	默默（地）坐在一边	他不爱说话，上课时总是默默地坐在一边。
		默默（地）支持	作为一个歌手，我非常感谢一直默默支持我的歌迷。
		默默（地）付出	为了能给孩子一个更好的生活环境，很多父母都在默默地付出。

选择表中适当的词语搭配填空，然后和同学进行问答。

1. 刚才我还看见他在这儿看书呢，怎么________就不见了？（转眼）
2. 在中国想去医院看病的话，需要________吗？（事先）
3. 老板，明天下暴雨，我们要不要________？（取消）
4. 如果年底想参加 HSK 六级考试的话，我现在应该________些什么？（着手）
5. 如果朋友帮了你的大忙，你会不会觉得________？（欠）
6. 看你忙得不可开交，有什么可以________的？（替）
7. 我知道吸烟不好，但是总也________，怎么办？（忍）
8. 他生了一肚子气，一直________。（默默）

词语综合练习

将每一组左右两栏的词语进行连线，组成正确的词组，然后选择恰当的词组完成句子。

第一组：

I	II
事先	行程
忍住	泪水
失落的	递给我
取消	一个好消息
从外婆那儿	得知
把登机牌	往账户里打钱
报告	眼神

1. 如果因为个人原因________________，退票时需要交一定的手续费。
2. 向大家________________，老板要给我们涨工资了。
3. 听到今天仍然没有他的快递，我看到了他________________。
4. 我________________，今天是我的农历生日。
5. 看到如此感人的场景，他努力想________________，但眼圈还是红了。

第二组：

I	II
贴	飞行
给长辈	打交道
聚集在	给他加油
跟自私的人	“福”字
为了生活	大厦门口
漫长的	一个拥抱
默默地	走南闯北

1. 经过________________，我们终于到达了美国芝加哥。
2. 我十分讨厌________________，这种人也不会有什么朋友。
3. 在工作上，我帮不上孩子什么忙，只能________________。
4. 由于不允许外卖小哥进楼，每天中午都有不少人________________。
5. 他读完高中就离开了家乡，________________。

近义词辨析

1. 偶然、偶尔

“偶然”既可做副词，也可做形容词。做副词时，意为“不是必然地”，指某种动作行为或者情况不一定会发生却发生了，表示出于意外，如“他偶然在街上遇见了多年未见的老友”；做形容词时，意为“不是必然的”，如“偶然事件”“买到这本书非常偶然”。

“偶尔”是副词，有“有的时候”的意思，表示情况不是经常出现，次数少，如“我星期天常在家，偶尔也到公园走走”。

也可以从两个词所对应的反义词来对比和理解：“偶然”与“必然”相对，“偶尔”与“经常”相对。

“偶然” can be used as an adverb or adjective. When used as an adverb, it means “accidentally”, indicating that a certain action or situation was not bound to take place but has happened, for example “他偶然在街上遇见了多年未见的老友” (He came across an old friend on the street who he hadn’t seen for years); when used as an adjective, it means “unexpected”, such as “偶然事件” (accidental event), “买到这本书非常偶然” (This book was bought by chance).

“偶尔” is an adverb, implying “sometimes”, which means that the situation does not occur often or many times, for example “我星期天常在家，偶尔也到公园走走” (I usually stay at home on Sundays and occasionally go for a walk in the park).

The two can also be compared and understood through their antonyms. "偶然" is opposed to "必然", and "偶尔" to "经常".

请填空：

① 他学习成绩一般，但________也能得一两次高分。

② 你出现这样的错误不是________的，应该仔细想想原因到底是什么。

③ 一个________的机会，他结识了这位体育明星。

④ 在那家老书店，我________买到了寻找已久的古书。

2. 临时、暂时

这两个词都可用作形容词，"临时"强调某人或某物是"非正式的"，如"他是我们单位的临时工"，而"暂时"意思是"短时间之内的"，如"孩子还太小，我暂时还没法出去上班"。此外，"临时"还可用作副词，意思是"在事情即将发生的时候"，如"他平时不学习，每次都是考试前临时抱佛脚"。

Both can be used as adjectives. "临时" lays emphasis on the "unofficial" and "temporary" nature of somebody or something, for example "他是我们单位的临时工" (He is a temporary employee in our company). "暂时" means "within a short period of time", for example "孩子还太小，我暂时还没法出去上班" (My kid is too young. I can't go back to work for now). Besides, "临时" can also be used as an adverb, meaning "when something is about to happen", for example "他平时不学习，每次都是考试前临时抱佛脚" (He never studies, except before exams).

请填空：

① 孩子年龄还小，________不需要报英语学习班。

② 新办公室正在装修，所以目前我们就在这间________办公室办公。

③ 我们已经约好要见面了，可他________有事，来不了了。

④ 比赛名单还没有完全确定，________不能公布。

语言点

A. 从未

课文原句：开关从被打开的那一天起就从未关上过。（第②段第 3 行）

结　　构：从未 + V + 过；从未如此 + Adj（+ 过）

意　　思：说话时间以前某件事没有发生过或某个状态没有出现过，是书面语，口语形式是“从来没有 + V/Adj + 过”。

Something or a certain state has never happened before the time of speaking, which is written language, and its spoken form is “从来没有 + V/Adj + 过”.

例　　句：

① 爬泰山前，我从未看过日出。

② 那家饭店的美食从未让我们失望过。

③ 大量游客来赏花，这个小城从未如此热闹。

练　　习：在下列情况中，你会用“从未”说什么？

情　况	用“从未”怎么说
一家饭店的服务特别好	
朋友一直是个遵守交通规则的人	
父亲在工作上始终非常努力	

B. 偶然

课文原句：一天下午，偶然翻到妈妈发的朋友圈。（第③段第 1 行）

结　　构：偶然的 + N；偶然（地）+ V；程度副词 + 偶然

意　　思：意外的 / 地，反义词是“必然”。

accidental(ly), opposed to “必然”

例　　句：

① 我跟妻子是一个偶然的机会认识的。

② 搬家时，他偶然找到了“丢失”已久的银行卡。

③ 他说自己当歌手十分偶然，当时只是陪朋友去参加唱歌比赛。

练　　习： 你认为下面的事情是偶然的还是必然的？为什么？

情　况	偶然还是必然	原　因
在生活中总有好运气		
一个明星的成功		
遇到真正爱你的人		

C. 而 3

课文原句： 看到照片中那熟悉而陌生的家，我的脑袋里全都是父母盼望我回家的眼神和得知我不能回去的失落。（第③段第 2 行）

结　　构： Adj_1 + 而 + Adj_2

意　　思： 而且。and

例　　句：

① 我的家乡是一个小而静的城市。

② 我的女朋友是个聪明而善良的人。

③ 他一直在自己的岗位上积极而努力地工作着。

注　　意：

如果"而"连接的是两个单音节形容词，"而"不可以省略，如"我们的目标是成为一个大而强的公司"；如果连接的是两个双音节形容词，"而"在口语中常省略，如"她是个聪明、善良的人"。

"而" cannot be omitted if it is used between two monosyllabic adjectives, for example "我们的目标是成为一个大而强的公司" (It's our goal to become a big and powerful company). However, when it is used between two disyllabic adjectives, it is often omitted in spoken language, for example "她是个聪明、善良的人" (she is a smart, kind-hearted person).

练　　习： 你跟父母有代沟[1]吗？用"而"说一说下面的人。

"我"眼中的好男孩儿	
"我"眼中的好女孩儿	
父母眼中的好男孩儿	
父母眼中的好女孩儿	

[1] 代沟：dàigōu; N; generation gap

D. 立即

课文原句： 那一刻，我做了一个决定——取消行程，立即回家！（第③段第 3 行）

结　　构： 立即 + V

意　　思： 马上，表示在很短的时间内发生。
immediately; in a very short time

例　　句：

① 听到有人喊他的名字，他立即停下了脚步。

② 运动减肥不是立即就有效果的。

③ 当我问她要不要做我女朋友时，她立即就答应了。

练　　习： 说说发生下面的情况时，你会立即做什么。

情　况	立即做什么
从老师那儿得知放假时间安排	
有颗牙不太舒服，喝凉水就疼	
感到说错话让朋友不高兴了	

E. 临时

课文原句： 由于是一个临时的决定，高铁票早已卖光。（第④段第 1 行）

结　　构： 临时（的）+ N；临时 + V

意　　思： 做副词时，意思是就在某事要发生的时候；做形容词时，意思是非正式的。as an adverb, meaning "when something is about to happen"; as an adjective, meaning "unofficial"

例　　句：

① 出发去超市前，他临时改变了主意，说不去了。

② 单位临时通知大家开会，所以很多人不知道。

③ 经理生病期间，工作临时由小王负责。

④ 李白是我们的临时班长，有问题你可以找他。

练　　习：用“临时”完成句子或对话。

① 寒假期间本食堂________________，开学后继续营业。

② A：米雪怎么没跟你们一起来看电影？

B：____。

③ A：请问，1路车以后就走这条路了吗？

B：不，______________________，等路修好了再回去。

F. 似乎

课文原句：回想起这些年的日子，我欠长辈的似乎太多太多。(第⑤段第1行)

结　　构：似乎＋V；似乎＋句子

意　　思：好像。as if

例　　句：

① 这篇文章我似乎在别的书上看到过。

② 这种菜似乎不太适合本地人的口味，点的人很少。

③ 女儿正要出门，似乎想起来什么事，又跑回了屋子。

注　　意：

“似乎”与“好像”做副词时意思相同，但是“好像”可以用在“好像……一样/似的”结构中，“似乎”不可以。比如“同屋对我好像对她的亲妹妹似的”一句中的“好像”不能换成“似乎”。

As adverbs, “似乎” and “好像” have the same meaning, but “好像” can be used in “好像……一样/似的” and “似乎” cannot. For example, “好像” in the sentence “同屋对我好像对她的亲妹妹似的” (My roommate treats me like her own sister) cannot be replaced by “似乎”.

练　　习：给“似乎”选择一个合适的位置。

① 今年校园里的A迎春花B比C往年开得D早。

② 我已经三年A没有B穿上舞鞋了，C已经忘记D如何起舞了。

③ A他看上去B很疲倦，C一定是又D熬夜了。

G. 不见得

课文原句：这是座古老的小城，它的经济虽不见得有多么发达，但是却有北京、上海这种超大城市所缺少的那份人情味。（第⑥段第 2 行）

意　　思：估计事情不会发生。not necessarily

例　　句：

① 米雪说会来，但看今天的天气，她不见得来得了。

② 别看广告上画得这么好，实物不见得这么好。

③ 有的时候你看到的事情不见得是真实的。

练　　习：当你不同意下面的说法时，说说你怎么用“不见得”表示。

说　法	用“不见得”表示不同意
远亲不如近邻	
一天一苹果，医生远离我。	
三岁看老	

H. 好

课文原句：父母一下子惊呆了，随即便不停地“怪”我为什么不提前说一声，他们好准备我最爱吃的饭菜。（第⑦段第 3 行）

结　　构：做一件事，好 + 可以顺利发生的事情

意　　思：便于。so as to

例　　句：

① 我把字写得大一些，好让后边的同学看清楚。

② 我们加个微信吧，有消息的时候我好告诉你。

③ 你最好带上充电宝，手机没电的时候好用。

注　　意：

a. 主语应该位于“好”的前面，因此下面这句话不对：

The subject should come before “好”, so the following sentence is incorrect:

* 你告诉我你穿什么颜色的衣服，好我去找你。

b. 句子的前半句应该是让后边的事情顺利发生的人的行为，因此下面这句话也不对：

The first half of the sentence should be something a person does to make things in the second half proceed smoothly, so the following sentence is incorrect too:

* 今天天气不错，好去外面玩儿。

练　　习： 用“好”完成下面的句子或对话。

① 告诉我你几点到北京，我好____________________。

② A：妈，天气预报说今天下雨吗？

B：你带上伞吧，好__________________________。

③ 我觉得你最好开通支付宝，____________________。

课文理解

读第一遍课文，回答问题。

1. “我”做什么工作？
2. 今年春节“我”的原计划是什么？
3. “我”平时陪父母的时间多吗？
4. 回家前“我”告诉父母了吗？
5. 看到“我”回来，父母、外公外婆有什么反应？
6. “我”有一个什么决定？

读第二遍课文，选择正确的答案。

1. “我”为什么说自己是“一台不知疲倦的机器”？

A 公司销售机器　　B 工作特别忙碌

C 每天使用机器　　D 公司规模很大

2.“我”取消旅行回家过年的原因是：

A 不想让父母失望　　B 父母让回家

C 目的地天气极差　　D 航班被取消

3. 回家途中，“我”意识到青春最重要的是：

A 努力挣钱　　B 陪伴家人

C 生儿育女　　D 相信自己

4.“我”家的家庭气氛是：

A 活泼　　B 紧张

C 温暖　　D 热闹

◤ 读第三遍课文，把下列事件按时间顺序排序。

A 外公外婆看到“我”回家很高兴

B 看到妈妈发的朋友圈

C 请假并安排工作

D 预订回家机票

E 回公寓拿行李

F 计划去南方旅游

G 对“我”的到来，父母感到很惊讶

H 到达家乡

事件发生的顺序是：________________

表达技巧

插叙（Flashback）

在按照时间顺序记叙一件事时，为了补充情节、刻画人物或表达情感，可以暂时中断叙述，插入一段或几段与该事件相关的回忆或故事，这样的叙述方法叫插叙。

在文章中可以插入主要人物的回忆，可用“回想起……”“当……的时候”“在那时”“原来”“过去”等作为引导词。也可以插入别人的话，可用“听人说”“据说”“有人说”等作为引导词。插叙可以起到丰富文章内容、突出人物性格、更好地表达作者情感和使文章结构富于变化的作用。

课文第⑤段即为插叙。在叙述春节回家这件事时，以“回想起这些年的日子”为引导，插入了作者对自己求学、工作过程的回忆，表达了作者对未能陪伴家人的愧疚之情。

When narrating an event in chronological order, in order to supplement the plot, portray a character, or express an emotion, you can temporarily interrupt the narration and insert one or several paragraphs of memories or stories related to the event. Such a narrative method is called "flashback".

You can insert a memory of the main character in the narrative, which can start with "回想起……" (I recall...), "当……的时候" (when...), "在那时" (at that time...), "原来" (originally), "过去" (in the past), etc. You can also insert other people's words, beginning with "听人说" (I've heard), "据说" (it is said...), "有人说" (someone said...), etc. Flashback plays a role in enriching the content of the writing, highlighting the character's personality, better expressing the author's emotions and making the structure of the writing more varied.

The fifth paragraph of the text is a flashback. When narrating returning home during the Spring Festival, starting with "回想起这些年的日子" (When I think of these years), the author inserts memories of his studies and work to express the guilt he feels for not being able to spend more time with his family.

■ 请重新排列以下各句的顺序，使其形成一段话。

A 女儿疼得哭了起来，护士也越来越紧张。

B 周末我带女儿去医院打针。

C 她很快为女儿准备好了药，核对了女儿的名字，就开始为女儿扎针。

D 因为特别理解这种感觉，所以我安慰护士小姐说："别紧张，慢慢来，再试一次。"

E 她感谢地看了我一眼，深吸了一口气，终于把针头准确地扎了进去。

F 好长一段时间，我打针时手都是抖的。

G 可是一连试了三次，都没有扎准。

H 值班的是一位年轻的女护士。

I 她看上去二十出头的年纪，应该刚从学校毕业来到医院实习。

J 之后连忙向我和女儿道歉，女儿看看我，笑着对她说："谢谢姐姐。"

K 她的手已经忍不住抖了起来，这让我回想起二十年前我第一天在医院上班的情景。

L 那时我作为一个新护士，因为打不好针被病人投诉，自己躲在卫生间里哭。

正确的顺序为：________________

任务活动

在本课中，我们看到了一个在北京奋斗的小伙子改变行程回家过春节的故事。如果你是这个小伙子，原本要跟朋友一起去旅行，改变决定后，你会怎么告知朋友？请跟同学商量一下。你可能会用到下列词语和语言点。

家乡　长辈　从未　繁忙　疲倦　歇　立刻　取消　行程
临时　退　事先　好　得知　失落　怪　漫长　欠　替
福　青春　人情味

词语拓展

人的动作（1）

折　拆　撕　扯　摇　捧　捆　摘　扣　扑　摆　搭　挥　挑

笔　记

背景知识

每个商场都有自己吸引顾客的方式。定期搞打折活动，可以让消费者购买到更便宜的商品；重视服务态度，可以给顾客带去更好的购物体验；实施 24 小时营业，可以为晚归的人群带来便利。这一课，我们带大家去全球家居用品商店宜家（IKEA）逛一逛，看看那儿有什么吸引顾客的好方法。

热 身

1. 你喜欢逛家居用品商场吗？
2. 你觉得在这一类商场中卖冰激凌能不能赚到钱？
3. 你认为哪个时间段最影响顾客的购物心情，刚进入商场时、购物过程中还是离开商场前？
4. 如果你是商场老板，你会用什么方法使顾客在离开商场前有一个好心情？

自学生词

课前查词典自学以下生词，然后填空。

词语	拼音	意思	词语	拼音	意思
书架			客服		
窗帘			货架		
冰激凌			货物		
甜筒			文具		
欧洲			地毯		
欧元			香肠		
店员			图片		
地形			礼品		

1. 在一家家具用品商场中，你能买到____________________。
2. 在一家便利店中，你能买到____________________。
3. 如果购物时遇到问题，可以找____________________。

课　文

宜家的一元冰激凌 02

① 如果列一份宜家的畅销品清单，排在第一位的可能不是沙发、餐桌、书架、窗帘，而是商场出口附近一元钱一支的冰激凌甜筒。仅去年一年，宜家在中国就售出去[A]了 1200 万支甜筒。

② 宜家冰激凌在中国的价格是一元，在欧洲某些国家价格也是一元，但是单位是欧元。一元人民币的冰激凌不会亏本吗？这种商业行为背后的逻辑是什么？要想弄明白这个问题，还得从“峰终原理”说起[B]。

③ “峰终原理”说的是人们对某件事往往只能记住两个部分，一个是过程中的最强体验——“峰”，一个是最后的体验——“终”，而过程中其他体验好不好都无所谓[C]。比如去一家咖啡馆，语气温柔的店员和咖啡的味道会给人以[D]强烈的好印象，这是“峰”；顾客离开时店员的注视和微笑是“终”。尽管整个服务过程有某些差的体验，但是顾客还是会再次光临。

④ 宜家的购物路线也是按照这个策略设计的。虽然逛宜家有一些不好的体

验，比如“地形”复杂，购物过程漫长；再比如客服很少，咨询问题难；又比如要自己从货架上搬货物，结账时要排很长的队。它的“峰”，就是购物过程中的小惊喜，比如便宜又好用的文具、好看的地毯，以及[E]好吃的德国香肠。它的“终”是什么呢？就是出口附近一元钱的冰激凌！如果没有冰激凌，可能会导致在宜家购物“终”的体验很差。所以一元钱的甜筒似乎会赔本，但却为宜家带来了极[F]佳的“终”的体验，成为人们记住宜家的一个标志。当人们回忆时，会觉得整体过程非常棒。

⑤　所以在经营中要想获得良好口碑，秘密就是“多数可遗忘，少数特漂亮”。也就是说[G]，你给顾客的绝[H]大多数服务都很一般，只是别让他产生不满情绪就行，而好口碑则来自你偶尔给他的特别棒的体验。比如你到一个酒店住宿，这个酒店一点儿也不豪华，设施都有点儿旧了，看起来和预订网站上的图片也不一致；而且服务的速度很慢，你已经有点儿不耐烦，想投诉了。但是这个酒店的服务员有权力“搞细节”：当发现你喜欢吃的水果时，会赶快增加你喜欢的品种；当你回到房间，会发现床上放着酒店送你的一瓶进口啤酒；哪天你要走了，酒店还会给你一个优惠价格并送你一个小礼品。有了这些操作，你的评价还差得了吗？其实我们在生活中已经懂得了这点，有的人平时帮你，你未必记得住；但关键时刻帮你一个忙，你一定会念念不忘。

（选自《青年博览》，作者懂懂，有改动。全文约 920 字，大约需要 7 分钟）

生　词

1	畅销	chàngxiāo	V	to sell well	畅销商品
2	品	pǐn		article; product	食品、商品、物品
3	出口	chūkǒu	N	exit	超市出口、出口处
4	售	shòu	V	to sell	售票、停售
5	单位	dānwèi	N	unit (as a standard measurement)	长度单位、重量单位
6	亏本	kuī//běn	VO	to lose money (in business)	生意亏本、亏本卖货
7	背后	bèihòu	N	behind; back	在背后、成功的背后、背后的故事
8	逻辑	luóji	N	logic	（没）有逻辑、逻辑混乱、逻辑性
9	终	zhōng		end	自始至终
10	原理	yuánlǐ	N	theory	科学原理、基本原理
11	无所谓	wúsuǒwèi	V	to not matter; to not care	

12	语气	yǔqì	N	tone; manner of speaking	说话的语气、自信的语气
13	温柔	wēnróu	Adj	gentle and soft	温柔的语气、性格温柔
14	强烈	qiángliè	Adj	strong; intense	强烈反对 / 要求、强烈地震
15	注视	zhùshì	V	to look attentively at	在别人的注视下、注视前方、注视着我
16	微笑	wēixiào	V/N	to smile; smile	对别人微笑、脸上带着微笑
17	光临	guānglín	V	to honor with one's presence	欢迎光临、光临我们饭店
18	策略	cèlüè	N	tactics	最优策略、销售策略、使用策略
19	咨询	zīxún	V	to seek advice from; to consult	咨询问题、咨询老师
20	结账	jié//zhàng	VO	to pay the bill	去前台结账、排队结账
21	以及	yǐjí	Conj	and; as well as	
22	导致	dǎozhì	V	to lead to	导致分手 / 失败、导致不良后果
23	赔本	péi//běn	VO	to sustain losses in business	赔本的生意
24	佳	jiā	Adj	good; fine	最佳、身体欠佳
25	标志	biāozhì	N/V	mark; to indicate	一个标志、成功的标志、标志着
26	整体	zhěngtǐ	N	whole; entirety	整体印象 / 感觉
27	口碑	kǒubēi	N	public praise; reputation	好口碑、个人口碑
28	遗忘	yíwàng	V	to forget	被遗忘
29	少数	shǎoshù	N	minority	少数民族、占少数、少数人
30	绝	jué	Adv	most; extremely	
31	不满	bùmǎn	Adj	discontented; dissatisfied	表示不满、不满的情绪
32	豪华	háohuá	Adj	luxurious	豪华的房间、豪华车
33	不耐烦	bú nàifán	IE	impatient	表现得很不耐烦、对我很不耐烦
34	投诉	tóusù	V	to appeal; to complain	投诉他、向有关部门投诉
35	权力	quánlì	N	power; authority	有权力
36	细节	xìjié	N	details; particulars	几处细节、处理一下细节
37	赶快	gǎnkuài	Adv	at once; quickly	赶快回家 / 结束 / 好起来
38	品种	pǐnzhǒng	N	variety; type	多个品种、老品种
39	进口	jìn//kǒu	VO	to import	从国外进口、进口产品
40	优惠	yōuhuì	Adj	(of price) preferential; favorable	优惠券、优惠一点儿、优惠政策

41	操作	cāozuò	V	to operate	容易操作、操作说明
42	评价	píngjià	N/V	comment; to evaluate	不好的评价、很高的评价、对他的评价、评价一个人
43	懂得	dǒngde	V	to understand	懂得这个道理、懂得珍惜
44	时刻	shíkè	N/Adv	moment; all the time	关键的时刻、时刻记得
45	念念不忘	niànniàn-búwàng	IE	to bear in mind constantly	对那次旅行念念不忘

重点词语学习

	词　语	搭　配	例　句
1	背后	在背后	他总在别人背后说坏话。
		成功的背后	成功的背后是她十多年的努力。
		背后的故事	博物馆中每件文物都有它背后的故事。
2	逻辑	有逻辑	她说话很有逻辑，适合当主持人。
		逻辑混乱	这篇文章逻辑混乱，完全不懂作者想表达什么。
		逻辑性	写作文的时候应该注意文章的逻辑性。
3	强烈	强烈反对	大家强烈反对周六上课。
		强烈要求	在我的强烈要求下，父母终于同意搬来和我们一起住。
		强烈地震	今日早上 8 点 51 分，该市发生强烈地震。
4	注视	在别人的注视下	童星在别人注视下长大也是很辛苦的。
		注视前方	开车时要注视前方，不要左右乱看。
		注视着我	妈妈用温柔的目光注视着我和妹妹。
5	策略	最优策略	我们需要开会讨论一个最优策略。
		销售策略	这家公司的销售策略就是“饥饿营销”。
		使用策略	教育孩子需要使用一定的策略，不能只批评。
6	导致	导致分手	导致他俩分手的原因是性格不合。
		导致失败	经营管理不善，导致生意失败。
		导致不良后果	儿童不是成人，不及时就医会耽误孩子的病情，导致不良后果。
7	标志	一个标志	人变成熟的一个标志就是用微笑面对困难。
		成功的标志	有钱并不是成功的标志。
		标志着	该合同的签订标志着双方合作正式开始。
8	赶快	赶快回家	眼看就要下雨了，我们赶快回家吧。
		赶快结束	最近一直下雨，希望这种坏天气赶快结束。
		赶快好起来	希望你的病赶快好起来。

	词 语	搭 配	例 句
9	优惠	优惠券	用优惠券的话可以打八折。
		优惠一点儿	我是你老客户了，优惠一点儿吧！
		优惠政策	国家对留学回国人员在创业上有一定的优惠政策。
10	评价	很高的评价	每个同事对王老师都有很高的评价。
		对他的评价	老师们对他的评价都是“一个勤奋的学生”。
		评价一个人	我们不能只从外表来评价一个人的好坏。

选择表中适当的词语搭配填空，然后和同学进行问答。

1. 有人说________都离不开自身的勤奋，你同意吗？（背后）
2. 你认为做什么训练可以提高说话的________？（逻辑）
3. 你说如果宿舍改成晚上十点关门，会不会受到大家的________？（强烈）
4. 你觉得手机公司最好的________是什么？（策略）
5. 身体不舒服不及时去看病会________？（导致）
6. 你觉得一个人________是什么？（标志）
7. 在你的国家，国家对多生孩子的家庭有什么________吗？（优惠）
8. 你觉得怎么做才能得到同事________？（评价）

词语综合练习

将每一组左右两栏的词语进行连线，组成正确的词组，然后选择恰当的词组完成句子。

第一组：

I	II
用欧元	文具
导致	感到不满
向店员	咨询
从欧洲	结账
温柔的	进口
有很多品种的	语气
对客服的态度	口碑一直不好

1. 各位顾客，如果您在购物过程中遇到任何问题，都可以________________。

2. 看到张萌哭得那么伤心，老师一直用＿＿＿＿＿＿安慰着她。

3. 老板始终不重视提高产品质量，＿＿＿＿＿＿。

4. 我们这款新产品是＿＿＿＿＿＿的。

5. 由于＿＿＿＿＿＿，我打算打热线电话投诉。

第二组：

I	II
有投诉的	货物
赶快	商品
畅销	权力
亏本	出售
时刻	微笑
少数	注视着
标志性的	去超市出口

1. 他的脸上始终挂着＿＿＿＿＿＿，带给周围人很多温暖。

2. 这是我们的＿＿＿＿＿＿，卖得很火，你也考虑带一个吧。

3. 我们做不到＿＿＿＿＿＿孩子，我们能做的是教会孩子保护自己。

4. 本次购买的大部分产品已经到货了，只有＿＿＿＿＿＿还在路上。

5. 对于乘车过程中的不良体验，乘客都＿＿＿＿＿＿。

近义词辨析

1. 导致、造成

这两个词意思相近，都表示前边的事情使得后边不好的结果发生。主要的区别在用法上，“导致”后多为主谓短语或小句，“造成”后多为名词性短语。

The two words have similar meanings, both meaning the occurrence before is responsible for the bad result after. The main difference is in usage. “导致” is generally followed by a subject-predicate phrase or clause, while “造成” is usually followed by a noun phrase.

请填空：

① 今年的地震给当地居民＿＿＿＿了巨大的损失。

② 长久不下雨，＿＿＿＿河水就要干了。

③ 经理的错误方案________公司损失了几千万元。

④ 现在这个情况就是他不听我们的建议________的。

2. 权力、权利

"权力"一般是指政治上的强制力量，或是职责范围内的支配力量。"权利"是法律所规定的公民的权益。

"权力" generally refers to political coercive forces or the authoritative power of people in charge. "权利" refers to the rights and interests of citizens prescribed by law.

请填空：

① 法律规定，每个公民都有受教育的________。

② 他退休了，手里的________也就随之消失了。

③ 在中国，男女享有同等的________。

④ 我的________有限，但我会尽力解决你们反映的问题。

语言点

A. 复合趋向补语"出去"的引申含义

课文原句： 仅去年一年，宜家在中国就售出去了 1200 万支甜筒。（第①段第 2 行）

结　　构： V + 出去

意　　思： 动作完成后，事物从原有者转到另一人手中，或者不希望让别人知道的事情被人知道了。

After the action is completed, something is transferred from one person to another, or something that should not be known to others is known.

例　　句：

① 这家小商店每天都能卖出去几箱可乐。

② 这件事只有咱俩知道，你别说出去。

③ 家庭矛盾最好自己解决，传出去多不好。

练　　习：用“V＋出去”改写句子。

① 这是我的小秘密，你别告诉别人。

② 你想借的书已经被人借走了，还回来之后我们会给你发邮件。

③ 如果没有家具，没有人会租你的房子。

B. 从……说起

课文原句：要想弄明白这个问题，还得从“峰终原理”说起。（第②段第3行）

意　　思：从某件事、某个方面开始说。to start with something or a certain aspect

例　　句：

① 我跟妻子的故事要从一次活动说起。

② 想理解这位作家的作品，得从她的童年生活说起。

③ 我心里有太多话想说，但不知从何说起。

练　　习：用“从……说起”回答问题。

① 你为什么学习中文？

② 你的爱好是什么？为什么有这个爱好？

③ 如果让你介绍一下你的家乡，你会说些什么？

C. 无所谓

课文原句：过程中其他体验好不好都无所谓。（第③段第2行）

结　　构：特殊疑问句 / 正反疑问句 / 选择疑问句＋无所谓

意　　思：没关系、不在乎。to not matter; to not care

例　　句：

① 我就是喜欢这个工作，挣多少钱无所谓。

② 找男朋友我最看重人品，帅不帅无所谓。

③ 女儿生孩子还是不生孩子我都无所谓，只要她高兴就好。

注　　意：

“无所谓”表达这一意思时，不带宾语。

“无所谓” in this sense cannot be followed by any object.

练　　习：假设你一定要做下面的事情，用“无所谓”说说你的决心。

一定要做的事情	你的决心
读博士	
当一名医生	
每年带父母旅游一次	

D. 以

课文原句：语气温柔的店员和咖啡的味道会给人以强烈的好印象。（第③段第 3 行）

结　　构：给 + 人 + 以……

意　　思：（给某人）提供。(to provide sb.) with

例　　句：

① 温柔的言语可以给人以安慰。

② 好朋友是可以给人以安全感的。

③ 白衬衫会给人以干净的感觉。

注　　意：

这一用法为书面语。在口语中，“以”可以省略，意思不变。

This usage is formal. In spoken language, “以” can be omitted without changing the meaning.

练　　习：学校打算改变教室墙面的颜色，请你帮他们三个想想怎么用“给人以……”表达自己的观点。

我觉得应该保持白色不变，因为＿＿＿＿＿＿＿＿＿＿。

大家觉得我们教室的墙面换成什么颜色比较好？

我认为应该换成黄色，因为＿＿＿＿＿＿＿＿＿＿。

我认为可以换成绿色，因为＿＿＿＿＿＿＿＿＿＿。

E. 以及

课文原句： 它的“峰”，就是购物过程中的小惊喜，比如便宜又好用的文具、好看的地毯，以及好吃的德国香肠。（第④段第 3 行）

结　　构： A、B，以及 C

意　　思： 表示并列，书面语。and; as well as (written language)

例　　句：

① 你需要带护照、学生证，以及一张一寸照片。

② 我们去哪儿旅行、怎么去，以及去多久都还没计划。

③ 参加今天会议的有王经理、陈副经理，以及相关部门的负责人。

练　　习： 用“以及”回答问题。

① 你这个学期都选了哪些课？

② 租房子的时候你会考虑哪些因素？

③ 结婚时，一般会请哪些人参加婚礼？

F. 极

课文原句： 一元钱的甜筒似乎会赔本，但却为宜家带来了极佳的“终”的体验。（第④段第 6 行）

结　　构： 极 + Adj/V + 的 + N；极 + Adj/V

意　　思： 非常。extremely

例　句：

① 老板给了我一个极重要的任务。

② 这个牌子的衣服质量极好。

③ 他是一个极能吃苦的人。

注　意：

"极"也可用"极其"替换，但是"极其"后面的动词或形容词一般不是单音节的。

"极" can also be replaced with "极其", but the verbs or adjectives after "极其" are generally not monosyllables.

练　习：给"极"选择一个合适的位置。

① 马小军是个 A 优秀 B 的学生，C 经常 D 获得奖学金。

② 有的学生 A 只是成绩好 B，动手 C 能力却 D 差。

③ 他是那种 A 能适应 B 新环境的人，到哪儿都 C 能有很多 D 新朋友。

G. 也就是说

课文原句："多数可遗忘，少数特漂亮"。也就是说，你给顾客的绝大多数服务都很一般，只是别让他产生不满情绪就行。（第⑤段第 1 行）

结　构：……（一个情况），也就是说，……（对前面的情况进行说明）

意　思：对前面的情况用不同的说法进行解释说明。

in other words (explaining the previous words in a different way)

例　句：

① 我想辞职创业了，也就是说，我不想再给别人打工了。

② 糖尿病的患病率为 10.4%，也就是说，每 10 个人中就有 1 个人患糖尿病。

③ 今天是冬至，也就是说，今天是北半球白天最短的一天。

练　习：完成句子。

① 拿学生签证的留学生是不能在中国工作的，也就是说，＿＿＿＿＿＿＿＿。

② 中国已经全面实行"无纸化"电子车票了，也就是说，＿＿＿＿＿＿＿＿。

③ 这家商店只能用现金，也就是说，＿＿＿＿＿＿＿＿。

H. 绝

课文原句： 你给顾客的绝大多数服务都很一般，只是别让他产生不满情绪就行。（第⑤段第2行）

结　　构： 绝 + Adj

意　　思： 极；最。most; extremely

例　　句：

① 她绝少参加班级聚餐这种活动。

② 绝大多数同学都同意李白当班长。

③ 中国北方绝大部分地区家里都有暖气。

练　　习： 用“绝”描述下面三个图。

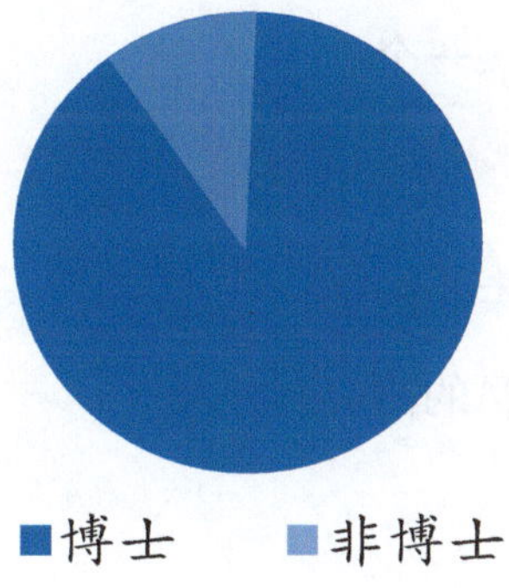

图1：本校教师学历情况

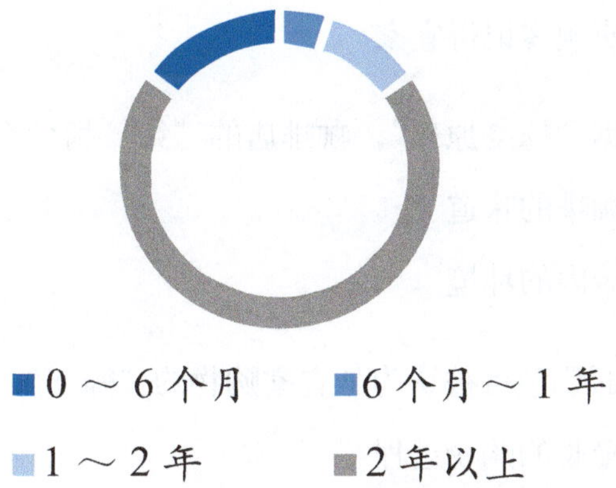

图2：本校留学生学汉语时长情况

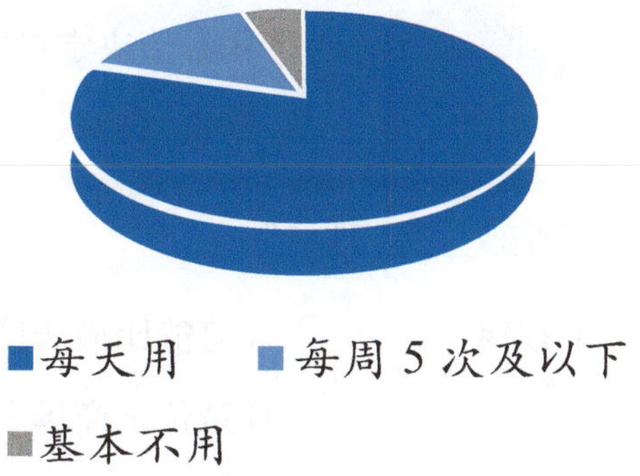

图3：本班学生使用微信的频率情况

课文理解

读第一遍课文，回答问题。

1. 宜家一元冰激凌在什么地方出售？
2. “峰终原理”认为什么最重要？
3. 作者认为在宜家购物过程中，“终”是什么？
4. 作者认为入住酒店过程中的“终”是什么？
5. 你对朋友做什么会让他难以忘记？

读第二遍课文，选择正确的答案。

1. 关于宜家的冰激凌，正确的是：

   A 价格跟欧洲一样　　B 位于商场入口处

   C 使顾客记得宜家　　D 每人只能买一个

2. 根据“峰终原理”，咖啡店的“终”指什么？

   A 咖啡的味道　　B 服务员温柔的语气

   C 店内的环境　　D 离开时店员的微笑

3. 下面哪项可被认为是宜家购物的“峰”？

   A 漫长的购物过程　　B 咨询客服问题

   C 买到好看的地毯　　D 爬货架搬货物

4. 关于经营酒店，正确的是：

   A 照片与设施必须一致　　B 细节决定口碑

   C 顾客给好评后送礼物　　D 价格越低越好

读第三遍课文，将句子的前后两部分进行连线。

1. “多数可遗忘，少数特漂亮”的规律　　A 可能比酒店设施的豪华更重要
2. 价格仅一元的冰激凌　　B 是位于商场出口处的冰激凌
3. 宜家最畅销的商品　　C 是决定人们对事件进行评价的两个因素
4. 小细节带给顾客的良好体验　　D 同样适用于平时与朋友的交往中
5. 事件过程中的最强体验和最后体验　　E 能改变消费者对整个购物过程的体验

表达技巧

做诠释（Interpretation）

做诠释是使用简明、通俗的语言对文中的某个事物、某个概念或某种说法进行解释，以便于读者理解的表达方式。常用的语言格式为“A 是……”“A 说的是……”“……叫作 A”“A，也就是说 / 换句话说，……”。

课文中在解释“峰终原理”的含义和阐述“多数可遗忘，少数特漂亮”的意义时均使用了做诠释的表达方式。

Interpretation is to explain something, a concept, or a saying in the text using concise and popular language so that the reader can better understand it. The commonly used patterns include “A 是……” (A is …), “A 说的是……” (A means…), “……叫作 A” (…is called A), and “A，也就是说 / 换句话说，……” (in other words).

In the text of this lesson, interpretation is used when explaining the meaning of “峰终原理” (peak-end rule) and that of “多数可遗忘，少数特漂亮” (an excellent minority among the mediocre majority).

①“峰终原理”说的是人们对某件事往往只能记住两个部分，一个是过程中的最强体验——“峰”，一个是最后的体验——“终”，而过程中其他体验好与不好都无所谓。

②“多数可遗忘，少数特漂亮”。也就是说，你给顾客的绝大多数服务都很一般，只是别让他产生不满情绪就行，而好口碑则来自你偶尔给他的特别棒的体验。

■ 将所给词语或小句填入适当位置，完成以下段落。

A 初中二年级	B 又觉得自己不被理解的人	C 说的是	D 网络流行词

1. “中二病”是一个________，该词源于日本，“中二”是________的意思。“中二病”________青春期少年常会有自以为是的思想、行动和价值观。随着这个词在网络上的大量出现，“中二病”主要指那些幼稚、骄傲、自大，________，当然也包括成年人。

A 哪怕	B 都要下功夫去搞明白	C 也就是说	D 解决它的办法

2. 在科学研究中，我们应该有一种“打破砂锅问到底”的精神。________，面对一个科学难题，一定要弄明白它产生的原因，以及________。在这其中________有任何一个小地方存在疑问，________，直到疑问全部解决。

任务活动

在本课中，我们通过宜家的一元冰激凌和一家宾馆的例子了解了“峰终原理”。其实这一原理不仅仅适用于商业，它也同样适用于其他行业。请完成下面的任务：

第一步：

请选择一个你感兴趣的行业。

A 饭店（餐饮业） B 补习班（教育行业） C 医院（医疗行业）

第二步：

想一想，根据“峰终原理”，所选行业中的“峰”和“终”可以是什么。

第三步：

根据你们的思考，向全班同学介绍一下“峰终原理”在所选行业中的应用。你可能用到下列词语和语言点。

语气 温柔 微笑 光临 结账 优惠 评价 口碑 畅销 亏本
赔本 背后 逻辑 策略 少数 遗忘 导致 不满 不耐烦
投诉 细节 极 以 V + 出去 也就是说

词语拓展

服装销售

毛衣 牛仔裤 内衣 拉链 商标 手工 样式 洞 孔 滑 薄 松 紧 缩
促销 讨价还价 充值 兑换 过期 税 汇率 退 捐 解 抽屉 整齐 夹子

饮食

第三课　巧吃海鲜

背景知识

你知道哪些海鲜的中文名字？海鲜营养丰富，味道鲜美，是很多人，特别是住在海边的人餐桌上必不可少的美食。吃海鲜对人体有一定的好处。哪些人适合吃海鲜？如何吃海鲜更健康？你们都将在本课找到答案。

热　身

1. 住在什么地方的人有吃海鲜的习惯？
2. 你爱吃海鲜吗？为什么？
3. 什么人不适合吃很多海鲜？
4. 海鲜不能和什么一起吃？

自学生词

课前查词典自学以下生词，然后把词语分类。

词语	拼音	意思
海鲜		
美味佳肴		
钙		
铜		
蛋白质		
营养		
心脑血管		
胃		
肠		
腹		
关节炎		
嘌呤		

词语	拼音	意思
尿酸		
疾病		
烤串		
油炸		
蒸		
煮		
粥		
痛风		
豆腐		
西红柿		
蛋		

1. 食　物
2. 疾　病
3. 做饭方式
4. 物　质
5. 身体部位

课 文

巧吃海鲜 03

① 海鲜很多人都爱吃，不管是在普通的家庭聚会上还是某些高级宴会中，海鲜都是人们餐桌上的美味佳肴。海鲜中钙、铜、蛋白质等物质十分丰富，可以补充我们在其他食物中补充不到的营养，对保持心脑血管健康十分有好处。而且多数海鲜的脂肪含量较低，不易造成肥胖，因此广大女性朋友不妨[A]多吃一点儿。

② 但吃海鲜也是一门学问，正确食用海鲜才有益身体健康。假如处理不恰当或不注意饮食卫生，则会对身体造成不好的影响。

③ 首先，并非所有的人都适合吃海鲜，以下四类人应特别注意。容易过敏的人在食用海鲜时务必[B]要格外谨慎，因为海鲜过敏并没有很好的预防方法。如果发生过敏，常需要一到两周，甚至更长时间才可以恢复。平常胃肠敏感的人更应该小心，不要一次食用过多的海鲜，以免[C]发生腹痛的状况。关节炎患者也应少吃海鲜。部分海鲜中含有较多的嘌呤，长期大量食用，嘌呤被身体吸收后，会在身体中逐渐积累，导致尿酸升高。如果身体中的尿酸含量持续升高，会使关节炎变得更加严重。妇女在怀孕期间应该注意预防细菌感染，所以也应该少食用海鲜，每周最多一到两次。

④ 其次，食用海鲜时一定要做熟再吃。有人喜欢蘸点儿醋吃生海鲜，觉得这样可以最大程度地保持海鲜原有的味道。其实海鲜表面的醋根本不足以[D]杀死藏在海鲜里的细菌，吃生海鲜容易引起各类疾病。有人夏天时爱吃海鲜烤串，但海鲜在烤的过程中如果受热不均匀，同样很难保证细菌被彻底[E]杀死。还有人常吃油炸海鲜，这样不仅失去了海鲜原来的味道，还会使人食用过多的油。因此专家认为，蒸、煮是最安全、健康的做法，也可以做成海鲜汤或海鲜粥等。蒸煮海鲜时，对时间的掌握是很重要的。既要熟透，时间又不应过长，否则海鲜的营养价值会有较大的损失。

⑤ 再次，多种饮料、食品不可与海鲜一起食用。如茶水中的某些成分很容易与海鲜中的钙相[F]结合，所以食用海鲜后最好隔两小时再喝茶。同样的原因，吃海鲜后也不要立即吃水果。还有很多人喜欢边吃海鲜边喝啤酒。他们不了解啤酒会加快尿酸的形成，这样吃对身体害处很大。这也就是经常吃海鲜、喝啤酒的人有较大概率得痛风病的缘故。如果已经患有痛风，却还要边吃海鲜边喝啤酒，则会使

痛风越来越严重。至于[G]豆腐、西红柿、蛋类等食物，则可放心与海鲜一起食用。

⑥ 海鲜是人类重要的食物来源之一，味道鲜美，营养丰富。海鲜好吃但不宜[H]多吃，只要每天食用不超过 100 克，就是健康安全的。

（全文约 960 字，大约需要 7.5 分钟）

生　词

1	巧	qiǎo	Adj	skillful; ingenious	手很巧、巧吃海鲜
2	宴会	yànhuì	N	banquet; feast	一场宴会、生日宴会
3	补充	bǔchōng	V	to replenish; to supplement	补充营养、欢迎补充、补充说明
4	脂肪	zhīfáng	N	fat	多余脂肪、减脂肪、脱脂 / 低脂 / 全脂牛奶
5	含量	hánliàng	N	content	含量很高、酒精含量、有技术含量
6	肥胖	féipàng	Adj	fat; obese	肥胖症、导致肥胖
7	不妨	bùfáng	Adv	there is no harm in	
8	学问	xuéwen	N	learning; knowledge	大有学问、是一门学问、有学问的人
9	食用	shíyòng	V	to be used for food	禁止食用、食用油、给孩子食用
10	有益	yǒuyì	Adj	profitable; beneficial	对社会有益的人、有益健康、有益于
11	假如	jiǎrú	Conj	if; in case	假如明天下雨、假如发生意外
12	恰当	qiàdàng	Adj	proper; appropriate	恰当的方法、发表不恰当的言论
13	过敏	guòmǐn	V	to be allergic	对牛奶过敏、过敏体质
14	务必	wùbì	Adv	must; be sure to	
15	谨慎	jǐnshèn	Adj	prudent; careful	小心谨慎、谨慎行车 / 考虑
16	预防	yùfáng	V	to prevent	预防过敏 / 疾病
17	恢复	huīfù	V	to resume; to recover	恢复正常、逐步恢复
18	平常	píngcháng	Adj/N	ordinary; common; ordinary days	一颗平常心、和平常一样
19	敏感	mǐngǎn	Adj	sensitive; susceptible	敏感的人、敏感话题 / 皮肤
20	以免	yǐmiǎn	Conj	in order to avoid	
21	含有	hányǒu	V	to contain	含有丰富的营养物质
22	长期	chángqī	N/Adj	over a long period; long-term	长期以来、长期居住在北京、长期坚持下去、长期营养不良
23	吸收	xīshōu	V	to absorb	被吸收、吸收新成员 / 水分、易吸收

24	持续	chíxù	V	to last; to continue	持续三天、持续到年底、持续增加
25	升高	shēnggāo	V C	to rise	持续升高、气温升高
26	怀孕	huái//yùn	VO	to be pregnant	怀孕三个月、怀孕初期
27	期间	qījiān	N	period of time	在此期间、上学期间
28	细菌	xìjūn	N	germ; bacterium	带有大量细菌、杀菌
29	熟	shú	Adj	ripe; cooked	煮熟、七分熟、苹果熟了
30	蘸	zhàn	V	to dip in	蘸醋
31	生	shēng	Adj	unripe; raw	生鱼片、生吃瓜果
32	表面	biǎomiàn	N	surface	在表面、表面上、表面现象
33	足以	zúyǐ	V	to be enough to; to suffice to	
34	均匀	jūnyún	Adj	even; well-distributed	搅拌均匀、均匀分布、颜色不均匀
35	彻底	chèdǐ	Adj	thorough	
36	价值	jiàzhí	N	value	很高的价值、营养价值、价值300块
37	损失	sǔnshī	V/N	to lose; loss	损失一笔钱、巨大的损失、精神损失
38	成分	chéngfèn	N	ingredient; constituent	食物成分、营养成分
39	隔	gé	V	to be at a distance from	每隔两天 / 一段时间、隔着一条马路、隔着屏幕
40	害处	hàichù	N	harm	有害处、有极大的害处
41	概率	gàilǜ	N	probability	概率很大、小概率事件、发生的概率
42	缘故	yuángù	N	reason; cause	因为……的缘故
43	至于	zhìyú	Prep	as for	
44	来源	láiyuán	N/V	source; origin; to originate	图片来源、来源于
45	不宜	bùyí	V	to be unsuitable	
46	克	kè	M	gram	不超过 100 克

重点词语学习

	词语	搭配	例句
1	补充	补充营养	每天工作都很忙，休息时吃点儿水果可随时补充营养。
		欢迎补充	以上就是我要说的，欢迎大家补充。
		补充说明	会议将会对活动规则做进一步的补充说明。

	词语	搭配	例句
2	有益	对社会有益的人	父母教育孩子要成为一个对社会有益的人。
		有益健康	每天锻炼 50 分钟十分有益健康。
		有益于	专家指出，每顿饭吃七成饱有益于长寿。
3	吸收	被吸收	这种护肤品能很快被皮肤吸收。
		吸收水分	很多植物可以从空气中吸收水分。
		易吸收	鸡蛋易消化易吸收，每天吃对身体大有好处。
4	持续	持续三天	本次降雨将持续三天的时间。
		持续到年底	广告上说，打折活动会持续到年底。
		持续增加	近年来，来中国留学的学生数量持续增加。
5	表面	在表面	中国是第三个在月球表面进行科学研究的国家。
		表面上	很多问题的真相并不是表面上看起来的那样。
		表面现象	看问题不能只看表面现象，还应该进行深入思考。
6	均匀	搅拌均匀	喝之前，先把杯底的糖搅拌均匀。
		均匀分布	今年雨水分布并不均匀，南方多北方少。
		颜色不均匀	我这次染发失败了，颜色染得不太均匀。
7	价值	很高的价值	“新能源”这个领域有很高的研究价值。
		营养价值	牛肉、鸡蛋之类的食物有丰富的营养价值。
		价值 300 块	这件赠品价值 300 块。
8	损失	损失一笔钱	因为投资失败，他损失了一大笔钱。
		巨大的损失	他的辞职是我们公司的巨大损失。
		精神损失	受害人提出，还应给她精神损失费三万元。
9	隔	每隔两天	家里的小时工每隔两天就来打扫一次卫生。
		隔着一条马路	我们大学和那家医院隔着一条马路。
		隔着屏幕	朋友发来的照片上的美食看起来特别好吃，隔着屏幕我都能闻到香味儿。
10	概率	概率很大	今天的降水概率很大，为 70%。
		小概率事件	在马路上遇到明星是小概率事件。
		发生的概率	开车看手机发生事故的概率是正常驾驶的 23 倍。

选择表中适当的词语搭配填空，然后和同学进行问答。

1. 你能否说几个________的好习惯？（有益）
2. 肉类、蛋类和海鲜，你觉得哪种食物的营养更________？（吸收）
3. 你认为学汉语的人数会________吗？（持续）
4. 你觉得明星们的生活都像________看起来那么精彩吗？（表面）
5. 中国的人口________吗？（分布）
6. 孩子在长身体，需要吃一些________的食物，你有什么推荐吗？（价值）
7. 我炒股票________，有什么好办法能把钱赚回来呢？（损失）
8. 你觉得"一见钟情"________高吗？（概率）

词语综合练习

将每一组左右两栏的词语进行连线，组成正确的词组，然后选择恰当的词组完成句子。

第一组：

I	II
补充	升高
肥胖的	有益
持续	蛋白质
怀孕	期间
预防	成分
营养	过敏
对心脑血管	害处

1. 不少研究都发现，女性在____________容易焦虑。
2. 选购食品时，我必须看包装上的____________表。
3. 红酒不仅____________，而且还能美容养颜。
4. 最近的天气格外好，温度也在____________。
5. 运动期间要少量、多次地喝水，运动后应及时____________，这样健身效果更佳。

第二组：

I	II
脂肪	营养价值的损失
长期	正常
恢复	熟
肠胃	发生的概率
煮	食用
疾病	含量
造成	很敏感

1. 特别提醒：所有的食材都要________________，这样才能放心食用。
2. 暑假结束了，今天是孩子上学第一天，一切又________________了。
3. 人过了 50 岁，身体会产生退化现象，________________也直线上升。
4. ________________高脂肪食物，会对人的心脑血管产生不良影响。
5. 将蔬菜长时间放在冰箱中，蔬菜的口感会受到影响，还可能________________。

近义词辨析

1. 恰当、合适

两个词都是形容词，当形容事情的安排与处理、语言的使用时，两个词可以互换，如“你在这么重要的会议上开玩笑，不太恰当 / 合适”。但是“合适”还可以修饰具体事物，如“这件衣服很合适”，这里不能用“恰当”。

Both words are adjectives. The two of them can be interchanged when describing the arrangement and processing of things or the use of language, for example “你在这么重要的会议上开玩笑，不太恰当/合适” (At such an important meeting, your joke was inappropriate). But “合适” can be used to modify specific items, for instance “这件衣服很合适” (This dress fits well), where “恰当” cannot be used.

请填空：

① 我一时找不出________的语言来表达此时此刻的心情。

② 网购的鞋今天到了，我穿上一试，非常________。

③ 写作课老师说我作文里有些词语用得不________。

④ 你虽然是好意，但这样说话的确不太________。

2. 持续、连续

两个词都是动词，都有延续的意思。“持续”更强调一种状态一直保持着不发生变化，如“持续发展”“持续了一个月”；而“连续”强调一件事情一次接一次地不停发生，如“他连续三年都获得了奖学金”。

Both words are verbs and have the meaning of continuation. “持续” stresses that a state remains unchanged, for example “持续发展” (to sustain development) and “持续了一个月” (to have lasted for one month); “连续” emphasizes the repeated occurrence of something, for example “他连续三年都获得了奖学金” (He has won scholarships three years in a row).

请填空：

① 圣诞节晚会一直________到深夜。

② “可________发展”是本次国际会议的主题。

③ 中国女排曾________数次获得世界冠军。

④ 因为没有假期，他已经________三年没回国过圣诞节了。

语言点

A. 不妨

课文原句： 多数海鲜的脂肪含量较低，不易造成肥胖，因此广大女性朋友不妨多吃一点儿。（第①段第 3 行）

结　　构： 不妨 + V

意　　思： 可以这样做；多用于提建议。might as well; there is no harm in (mostly used to give advice)

例　　句：

① 如果你心情不好，那不妨出去散散步。

② 即使他没有做过这项工作，也不妨让他试试。

③ 对我有什么意见不妨当面提出来，不要在背后议论。

练　　习： 你的同学在生活中遇到下列问题，请用“不妨”给他提个建议。

问　题	你的建议
听不懂电视里中国人说的话	
一直用现金购物，很麻烦	
每天被微信群里无用的信息打扰	

B. 务必

课文原句： 容易过敏的人在食用海鲜时务必要格外谨慎，因为海鲜过敏并没有很好的预防方法。（第③段第 1 行）

结　　构： 务必 + V

意　　思： 必须，一定这样做。must; be sure to

例　　句：

① 这项工作请务必在三天内完成。

② 你自己在国外，务必多多保重。

③ 这件商品不退不换，购买前请务必想清楚。

注　　意：

当表示命令或要求的时候，“务必”和“必须”可以互换，但是表示建议或请求时，只能用“务必”。

When indicating an order or a requirement, “务必” and “必须” are interchangeable, but when making a suggestion or request, only “务必” can be used.

练　　习： 如果你是老师，你会在下面这些方面有什么要求？用“务必”说一说。

方　面	你的要求
到课时间	
上课过程中	
完成作业	

C. 以免

课文原句： 不要一次食用过多的海鲜，以免发生腹痛的状况。（第③段第 4 行）

结　　构： ……，以免……

意　　思： 避免发生不好的事情。to prevent something bad from happening

例　　句：

① 吃饭以前一定要洗手，以免传染上疾病。

② 不要轻易相信陌生人的话，以免被骗。

③ 喝点儿酒没问题，但不能过量，以免影响健康。

注　　意：

"以免"一般用于后半句，表示如果做了前半句的事情，可以避免发生后半句不好的事情。

"以免" is generally used in the second half of a sentence, meaning that if the thing in the first half of the sentence is done, the bad thing in the second half of the sentence will be avoided.

练　　习： 用"以免"完成句子。

① 坐国际航班应该提前三个小时到达机场，____________________。

② 看电影的时候不要说话，______________________________。

③ 考试前家长不要给孩子增加心理压力，______________________。

D. 足以

课文原句： 海鲜表面的醋根本不足以杀死藏在海鲜里的细菌，吃生海鲜容易引起各类疾病。（第④段第 2 行）

结　　构： 足以 + V

意　　思： 完全可以。absolutely capable of

例　　句：

① 他做的这些事足以说明他是爱你的。

② 三个月足以让一个人养成一个习惯。

③ 以他目前的工作能力，他还不足以被称为"优秀员工"。

练　　习： 用"足以"改写下面的句子。

① 对他来说，现在通过 HSK 六级还很难。

② 他说的应该是真的，我们可以相信他。

③ 北京队现在的水平还赢不了上海队。

E. 彻底

课文原句： 海鲜在烤的过程中如果受热不均匀，同样很难保证细菌被彻底杀死。（第④段第 3 行）

结　　构： 彻底 + V；彻底的 + N；V + 得很彻底

意　　思： 深入而透彻。deep and thorough

例　　句：

① 周末我要把宿舍彻彻底底打扫一遍。

② 他是个彻底的素食主义者。

③ 这场比赛我们输了，而且输得很彻底。

练　　习： 给“彻底”选择合适的位置。

① 空气污染、交通拥堵等 A 严重的社会问题一时 B 难以 C 解决 D。

② 他最近 A 做的事，B 改变了 C 我对他的 D 印象。

③ A 向朋友借的那笔钱 B 给我造成了很大的心理压力，真想 C 赶快把它 D 还清。

F. 与……相……

课文原句： 茶水中的某些成分很容易与海鲜中的钙相结合。（第⑤段第 1 行）

结　　构： 与……相 + V

意　　思： 互相。mutually

注　　意：

“与”可以换成“同”“和”“跟”。

“与” can be replaced by “同”, “和” or “跟”.

例　　句：

① 这条马路与花园路相连。

② 理论应该与实际相联系。

③ 本学期的成绩是平时成绩与期末成绩相结合而得出的。

练　　习： 连词成句。

① 七年多　相恋　跟男友　已经　了　她

____

② 拿自己　父母　孩子不喜欢　相比较　与别人

____

③ 统一　家具的颜色　应该与　相　装修风格

____

G. 至于

课文原句： 如果已经患有痛风，却还要边吃海鲜边喝啤酒，则会使痛风越来越严重。至于豆腐、西红柿、蛋类等食物，则可放心与海鲜一起食用。（第⑤段第 5 行）

结　　构： ……，至于……（相关的新话题）

意　　思： 表示另提一事。as for (used to bring up a new topic)

例　　句：

① 我暑假想去旅行，至于去哪儿，还没决定。

② 这只是我的个人意见，至于别人怎么想，我并不清楚。

③ 在网上买肯定便宜，至于质量，就不敢保证了。

注　　意：

“至于”引出新话题，新话题后常用逗号“，”。

“至于” brings up a new topic which usually ends with a comma.

练　　习： 给“至于”选择合适的位置。

① 这里 A 经济发达，B 交通也很方便，C 空气质量，就不 D 太好说了。

② A 学完汉语以后，我打算 B 去经济系学习，C 是否去北京大学，D 我还在考虑。

③ 虽然这个商店不太大，但 A 商品种类多，B 价格也便宜，C 服务态度，可就不 D 怎么样了。

H. 不宜

课文原句： 海鲜好吃但不宜多吃。（第⑥段第 1 行）

结　　构： 不宜 + V/Adj；……不宜

意　　思：不合适。unsuitable; not recommended

注　　意：

"不宜 + V/Adj"的肯定形式"宜 + V/Adj"很少用，使用时多为对举形式"宜 + V/Adj + 不宜 + V/Adj"，如"我们快行动吧，这件事宜早不宜迟"。在生活中，肯定形式多用"适宜 + V"。

The affirmative form "宜 + V/Adj" is rarely used. When used, it mostly appears in the comparative form "宜 + V/Adj + 不宜 + V/Adj", for example "我们快行动吧，这件事宜早不宜迟" (Let's get started. It's better to do it sooner than later). In daily life, the affirmative form is usually "适宜 + V".

例　　句：

① 睡觉前不宜做剧烈运动。

② 白酒、啤酒都不宜多饮。

③ 这个电影少儿不宜，只适合成年人看。

练　　习：说说下面的人群"不宜"做什么。

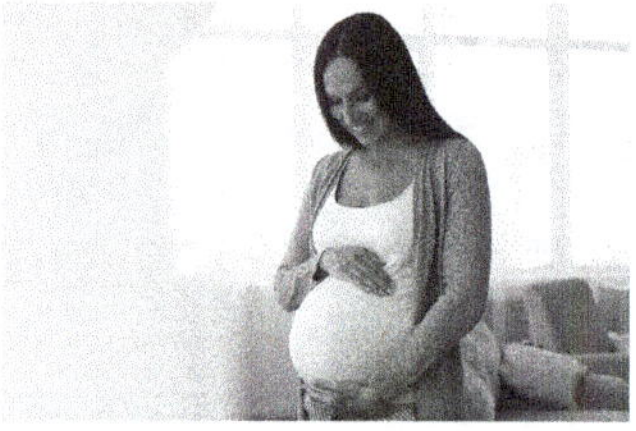

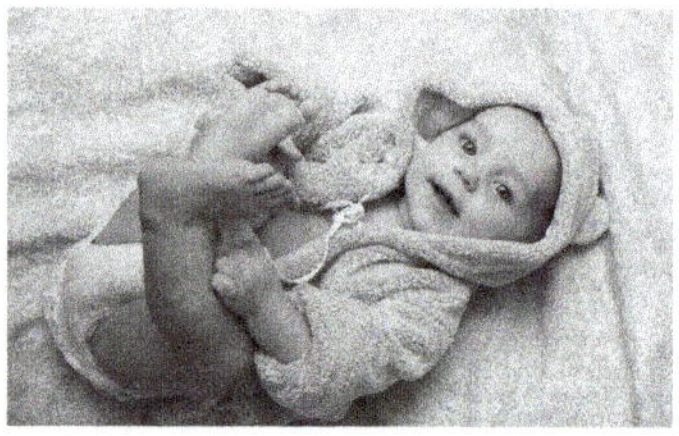

课文理解

读第一遍课文，回答问题。

1. 吃海鲜容易发胖吗？
2. 哪些人吃海鲜时应格外小心？
3. 吃生海鲜会怎么样？
4. 可以一边吃海鲜一边喝茶吗？
5. 哪些食物可以和海鲜一起吃？

读第二遍课文，选择正确的答案。

1. 海鲜可以帮助人们：

A 治疗心脑疾病　　B 注意饮食卫生

C 降低脂肪含量　　D 补充蛋白质

2. 肠胃敏感的人食用过多海鲜会：

A 患关节炎　　B 出现过敏情况

C 腹部疼痛　　D 发生细菌感染

3. 以烧烤的方式吃海鲜：

A 不能彻底杀菌　　B 没有营养价值

C 味道更鲜美　　D 会食用过多的油

4. 吃海鲜时喝啤酒：

A 促进钙的吸收　　B 易得痛风病

C 减少体内尿酸　　D 营养更丰富

■ 读第三遍课文，把下列选项填到本文写作思路中。

A 食用海鲜的注意事项

B 不宜吃海鲜的人群

C 海鲜好吃但要适量

D 食用海鲜的方式

E 吃海鲜对人体的各种好处

F 海鲜如何与其他食物共食

写作思路

文章的第①段，作者指出________。在此基础上，作者在第②段提出本文的主题"________"，并在第③～⑤段进行了详细的说明。这三段分别谈的是________、________、________。最后，作者在第⑥段进行了总结——________。

表达技巧

分类说明和举例说明（Classification and Exemplification）

对于一个复杂的事物或现象，可以依据一定标准将其分成若干类，然后按类别逐一加以说明，这样的方法叫作分类说明。分类别使说明过程条理清楚，读者一目了然。常用的词语为"类""类型"，常用的语言格式为"A 可分为……、……、……""A 有……、……、……""A 包括……类"等。

课文第③段将不适合吃海鲜的人群分为四类，即容易过敏的人、胃肠敏感的人、关节炎患者和怀孕妇女，然后分别说明他们不适合吃海鲜的原因，即使用了这一说明方法。

举例说明是通过列举有代表性的、恰当的事例来说明某个事物或某种现象的说明方法。举例说明避免了抽象的道理阐述，使事物和现象清晰地呈现在读者眼前，便于理解。常用的标志词有“如”“例如”“比如”等。

课文第⑤段在说明不可与海鲜一起食用的饮料、食品时，使用了举例子的说明方法，列举了茶水、水果、啤酒等例证，使读者具体清晰地了解了这一问题。

A complex thing or phenomenon can be divided into several categories according to certain criteria, and then explained category by category. Such a method is called classification, which makes the explanation process clear to the reader. Commonly used words for classification are “类” and “类型”, and commonly used patterns include “A 可分为……、……、……” (A can be divided into...), “A 有……、……、……” (A consists of...), “A 包括……类” (A includes categories such as...), etc.

Paragraph 3 of the text in this lesson divides people who had better not eat seafood into four categories, namely people who are allergic to seafood, people with a sensitive digestive system, arthritis patients and pregnant women, and then explains why seafood is not suitable for each category.

Exemplification is to explain something or a phenomenon by listing representative and appropriate examples. Abstract explanations are avoided, and things and phenomena clearly presented in front of the reader’s eyes for better understanding. Commonly used words for exemplification include “如”, “例如”, “比如” and so on.

In paragraph 5 of the text, when demonstrating beverages and foods that cannot be eaten with seafood, examples such as tea, fruit and beer are used to make the reader understand the problem clearly.

■ 根据所给资料，使用恰当的说明方法和格式，写两段说明文字。

1. 介绍学院阅览室的书（有文学类、语言类、经济类、历史类四类）。

____

____

2. 介绍下面对身体有好处的食物。

食物种类	食物举例	好　处
软食类	面包、蛋糕	可以快速消化
水果类	苹果、葡萄	含维生素 C，提高免疫力
蔬菜类	小白菜、油菜	帮助消化脂肪类物质

____

____

任务活动

本课我们了解了如何正确食用海鲜。在我们的生活中，还有很多食物在食用的时候需要注意。

■ 第一步：

请在下列食物中选择一种。

A 鸡蛋　　B 牛奶　　C 菠菜　　D 茶

■ 第二步：

和同学想一想，并上网查一查食用 / 饮用这一食物时应该注意什么。

■ 第三步：

仿照课文的写作思路，和同学准备一个发言稿。你可能会用到以下词语和语言点。

学问	含量	含有	成分	补充	营养	价值
有益	恰当	谨慎	吸收	期间	害处	疾病
不宜	足以	以免	务必	与……相……		

词语拓展

动植物

细胞　熊　狼　老鼠　鸡　昆虫　蜜蜂　蝴蝶　尾巴　野　匹　吨　田野　水稻
小麦　白菜　辣椒　玉米　桃　橘子　竹子　果实　朵　束　枝　浇　刺

社会

第四课 互助养老

背景知识

随着社会的发展，世界上很多国家已经进入老龄化社会，中国也不例外。早在20世纪末，中国便已经进入老龄化社会。养老问题日益受到人们的广泛关注。本课我们就来看一种养老模式——互助养老。

热　身

1. 你觉得老年人的生活跟年轻人有什么不同？
2. 如果孩子都不在身边，老年人应该如何生活？
3. 在你的国家，去养老院的老年人多吗？
4. 你支持老人去养老院吗？为什么？

自学生词

课前查词典自学以下生词，然后选择合适的词语回答问题。

词语	拼音	意思	词语	拼音	意思
病毒			打牌		
心脏			钢琴		
姥姥			土豆		
胶水			花生油		
食堂			住宿		
书籍			亲情		

1. 对你来说，最重要的是什么？
2. 你平时有哪些休闲活动？
3. 做饭时可能会用到什么？
4. 一个人可能会因为什么住院？

课　文

互助养老

04

① 三年前的冬天，张爷爷因为病毒性感冒引发了心脏病，不幸去世了。张爷爷的离开让张奶奶对自己的晚年生活变得很悲观。我的姥姥是他们的邻居，也是社区互助养老小组的负责人。姥姥看到张奶奶整天闷闷不乐，急忙招呼小组成员一起想办法。如今三年过去了，张奶奶逐渐恢复过来了，一直说多亏[A]有这些老伙伴陪着，要不然不会有现在的自己。

② 姥姥的互助养老小组已经发展到十个人的规模了。老人们虽然文化程度、家庭情况、经济条件都不同，但是他们互相了解、彼此信任，性格也合得来[B]，感情好得不能再好[C]。老人们每天的日程都排得满满的。早晨六点半在社区门口集合，去附近的公园晨练。七点半在社区食堂吃早饭，然后在社区活动中心阅读书籍或浏览手机新闻。十二点吃午饭、看电视，下午一起打牌或者学钢琴、听古典音乐。晚饭后各自回家休息。每年集体旅行一次，去年还去了一趟欧洲，实现了老人们出国游的愿望。而无论谁独自[D]出去旅行，回来后都会去

成员家问候，并带去当地的特色礼品，有时虽然只是一小袋土豆或者一壶花生油，但礼轻情意重，大家都会感到特别亲切和温暖。

③ 互助养老很早就在国外流行开来[E]，近年来被越来越多的中国老人所接受。在一个小圈子中有共同爱好的老年人聚在一起生活、互相照顾，特别适合子女长期不在身边的空巢老人，以及不习惯住养老院的老人。相比起[F]传统的子女养老、机构养老，互助养老有以下三个优势。一是互助养老小组的成员是老人们通过长时间"挑选"而[G]形成的。老人们彼此性格合适，能较好地沟通。这种组合结构松散，成员之间的关系相对融洽。二是老人们白天一起活动，夜晚回到自己的家中，免去了在外住宿的麻烦和不适。三是对空巢老人来说，平时有个小病小灾，老人们可以互相照顾。如果生了急病、大病，也可以在第一时间发现，使病人得到及时的治疗，降低了疾病对老人生命的威胁。

④ 互助养老也存在一定的风险。互助养老的核心难题是如何避免老人之间发生矛盾。十个手指伸出来都不一样长，兄弟姐妹闹不好也会变成仇人，老人们之间毕竟没有法律和亲情的约束，一旦发生矛盾，单[H]靠几个老人不一定能够处理好。所以互助养老最好由社区进行管理，明确老人们的责任和义务。社区还可以派出年轻人做志愿者，帮助老人洗衣做饭、打扫卫生，必要时也可以作为中间人调解老人之间的矛盾。

⑤ 总之，互助养老是一种健康的养老方式，它不仅能满足老年人的生活需求和心理需求，还能减轻家庭和社会的养老压力，值得提倡和推广。

（全文约 1130 字，大约需要 8.5 分钟）

生　词

1	引发	yǐnfā	V	to trigger; to cause	引发议论 / 火灾 / 矛盾
2	不幸	búxìng	Adj	unfortunate	不幸去世、不幸的童年
3	晚年	wǎnnián	N	one's later years	晚年生活、安度晚年
4	悲观	bēiguān	Adj	pessimistic	悲观者、过于悲观
5	互助	hùzhù	V	to help each other	人人互助、互助合作
6	养老	yǎng//lǎo	VO	to live out one's life in retirement	养老院、互助养老
7	小组	xiǎozǔ	N	group	小组活动、第三小组、小组成员
8	闷闷不乐	mènmèn-búlè	IE	to feel depressed	整天闷闷不乐

9	急忙	jímáng	Adv	in a hurry	急忙赶到医院、急急忙忙
10	招呼	zhāohu	V	to summon; to call; to greet	招呼朋友来家玩儿、打招呼
11	多亏	duōkuī	V	thanks to	
12	规模	guīmó	N	scale; scope	规模很大、扩大规模、规模最大的
13	日程	rìchéng	N	schedule	确定日程、考试日程、日程本 / 表
14	集合	jíhé	V	to gather; to assemble	在楼下集合、集合地点、准时集合
15	浏览	liúlǎn	V	to glance over; to skim through	浏览报纸 / 网页
16	古典	gǔdiǎn	Adj	classical	古典音乐 / 文学 / 诗歌
17	集体	jítǐ	N	collective; group	班集体、集体旅行、集体活动
18	愿望	yuànwàng	N	desire; wish	生日愿望、美好的愿望、实现愿望、愿望落空
19	独自	dúzì	Adv	alone; by oneself	
20	问候	wènhòu	V	to send one's regards to; to greet	问候语、热情的问候
21	壶	hú	N	kettle; pot	茶壶、一壶水
22	礼轻情意重	lǐ qīng qíngyì zhòng	IE	The gift is trifling but the feeling is profound.	千里送鹅毛，礼轻情意重。
23	亲切	qīnqiè	Adj	cordial; kind	亲切的问候、态度亲切
24	圈子	quānzi	N	circle (of people)	生活圈子、圈子很小
25	聚	jù	V	to gather	聚餐、聚在一起、找个地方聚聚
26	空巢	kōngcháo	N	empty nest	空巢老人
27	挑选	tiāoxuǎn	V	to select; to pick out	挑选礼物、随意挑选、经过严格的挑选
28	沟通	gōutōng	V	to communicate	跟……沟通、无法沟通、沟通技巧
29	组合	zǔhé	N/V	combination; to compose	组合在一起
30	结构	jiégòu	N	structure	文章的结构、复杂的结构、内部结构
31	松散	sōngsǎn	Adj	loose	松散的结构
32	融洽	róngqià	Adj	harmonious	融洽的气氛 / 家庭关系、相处融洽
33	免	miǎn	V	to avoid; to exempt	免税 / 费
34	灾	zāi	N	disaster; calamity	火灾、受灾、重灾区、没病没灾
35	治疗	zhìliáo	V	to cure; to treat	治疗疾病、住院治疗、给病人治疗、在精心的治疗下

36	威胁	wēixié	V	to threaten	受到威胁、威胁他、威胁到每个人
37	风险	fēngxiǎn	N	risk	很大的风险、冒着风险、承担风险
38	核心	héxīn	N	core; kernel	核心部分 / 人物
39	闹	nào	V	to do; to make; to handle	闹清楚、闹出笑话
40	仇人	chóurén	N	personal enemy	变成仇人
41	单	dān	Adv	only; alone	
42	靠	kào	V	to depend on	靠自己的双手、无依无靠、靠得住
43	明确	míngquè	Adj/V	clear and definite; to make clear	目的明确、明确的规定、明确自己的目标
44	义务	yìwù	N/Adj	duty; obligation; compulsory	父母的义务、义务教育
45	派	pài	V	to dispatch; to appoint	派人参加、派到国外
46	志愿者	zhìyuànzhě	N	volunteer	当志愿者
47	调解	tiáojiě	V	to mediate; to reconcile	调解矛盾、经过调解
48	提倡	tíchàng	V	to advocate	提倡说普通话、大力提倡、提倡……的作风
49	推广	tuīguǎng	V	to popularize	推广经验、大力推广、得到推广

重点词语学习

	词　语	搭　配	例　句
1	引发	引发议论	新闻一发出就引起了人们的议论。
		引发火灾	一个小烟头就能引发一场火灾。
		引发矛盾	这对夫妻的矛盾是由孩子的教育问题引发的。
2	规模	规模很大	本次国际会议吸引了数千人参加，规模很大。
		扩大规模	不少大学正在扩大招生规模。
		规模最大的	奥运会是世界上规模最大的运动会。
3	愿望	生日愿望	快许一个生日愿望吧！
		美好的愿望	孩子的名字中包含了父母美好的愿望。
		实现愿望	祝你能够实现所有的愿望！
4	挑选	挑选礼物	每次给朋友挑选礼物时，她都很用心。
		随意挑选	欢迎光临，请随意挑选。
		经过严格的挑选	我们给大家推荐的产品都经过了严格的挑选。

	词　语	搭　配	例　句
5	沟通	跟……沟通	很多父母不知道如何跟孩子沟通。
		无法沟通	我与舍友经常无法理解彼此的想法，导致无法沟通。
		沟通技巧	这本书中介绍了几种实用的沟通技巧。
6	结构	文章的结构	这篇文章的结构很清楚，读起来很容易。
		复杂的结构	人的大脑结构十分复杂。
		内部结构	这套房子的内部结构不太合理。
7	靠	靠自己的双手	他现在的成绩都是靠自己的双手取得的。
		无依无靠	王女士从老家来上海打工，人生地不熟，无依无靠。
		靠得住	说一个人“靠谱”的意思是这个人靠得住。
8	明确	目的明确	我今天去超市的目的很明确，就是买桶食用油。
		明确的规定	对于出勤率的要求，学校有明确的规定。
		明确自己的目标	做每件事情前都需要明确自己的目标。
9	提倡	提倡说普通话	中国一直提倡说普通话。
		大力提倡	饭店使用公筷的做法应当大力提倡。
		提倡……的作风	我们一直提倡认真、高效的工作作风。
10	推广	推广经验	这座城市治理环境污染的经验值得在全国推广。
		大力推广	目前，全国上下都在大力推广 5G 技术。
		得到推广	“无纸化办公”将会在全世界范围内得到推广。

选择表中适当的词语搭配填空，然后和同学进行问答。

1. 你知道中国________博物馆是哪个吗？（规模）
2. 对于未来，你有什么________？（愿望）
3. 给朋友________时，你最看重什么？（挑选）
4. 你觉得家长和孩子之间有什么________？（沟通）
5. 你认为什么样的人________？（靠）
6. 对于读经济专业的研究生所需要的汉语水平，学校有没有________？（明确）
7. 你觉得“晚婚晚育”的做法是否应该________？（提倡）
8. 不少教育机构开始进行网络教学，这一做法是否应得到________？（推广）

词语综合练习

将每一组左右两栏的词语进行连线，组成正确的词组，然后选择恰当的词组完成句子。

第一组：

I	II
融洽的	救灾
引发	问候
亲切的	心脏疾病
治疗	集体
浏览	集合
在食堂	当天的日程
被派去	风险

1. 医生向患者家属详细说明了＿＿＿＿＿＿＿＿。
2. 王老板每天到办公室后第一件事就是＿＿＿＿＿＿＿＿。
3. 科学研究表明，糖并不是＿＿＿＿＿＿＿＿的直接原因。
4. 我们班的同学们虽然来自五湖四海，但我们班是一个＿＿＿＿＿＿＿＿。
5. 顾客一走进那家餐厅，就收到了服务员＿＿＿＿＿＿＿＿。

第二组：

I	II
推广	小组
明确	松散
挑选	志愿者
结构	去沟通
聚在一起	该养老方式
互助	打牌
急忙	双方的义务

1. 劳动合同中应＿＿＿＿＿＿＿＿。
2. 造成文章＿＿＿＿＿＿＿＿的主要原因是作者未掌握中文写作方法。
3. 为提高学生的学习热情，老师将全班分成了几个＿＿＿＿＿＿＿＿。
4. 在＿＿＿＿＿＿＿＿时，应主要考虑其组织活动的能力和责任心。
5. 作为一种休闲方式，很多老人午饭后＿＿＿＿＿＿＿＿。

近义词辨析

1. 挑选、选择

两个词都可以做动词。“挑选”强调在多个对象中找到符合标准的，重在比较多个对象的过程，其宾语只能是名词，如“挑选礼物”“挑选演员”；“选择”更强调最终的决定，其宾语可以是名词，如“选择正确的答案”，也可以是动词，如“选择分手”。另外，“选择”还可以用作名词，如“做出正确的选择”。

Both words can be used as verbs. “挑选” is to choose from several options the one that meets the standard. The emphasis is on the process of comparing the options. Its object can only be a noun, such as “挑选礼物” (to pick out a gift) and “挑选演员” (to choose an actor). “选择” emphasizes the final decision. The object can be a noun, for example “选择正确的答案” (to choose the right answer), or a verb, such as “选择分手” (to choose to break up). In addition, “选择” can also be used as a noun, for example “做出正确的选择” (to make the right choice).

请填空：

① 米雪正在店里________适合自己的眼镜。

② 很多大学毕业生________自己创业，而不是替别人打工。

③ 退学后，他除了待在家里别无________。

④ 人生是一道________题，选对选错都是你自己的决定。

2. 风险、危险

首先，两个词都可以做名词。此时，“危险”是指产生人身伤害的可能性，若不远离就可能会有损伤，如“经过十多个小时的抢救，病人终于脱离了危险”；而“风险”一般指在未来可能导致损失的不确定性，如“投资有风险，你应该谨慎一些”。其次，“危险”还可以做形容词，如“非常危险的做法”，而“风险”没有形容词用法。

First, both words can be used as nouns. “危险” refers to the possibility of personal injury or damage that may occur, a danger that one should keep away from, for example “经过十多个小时的抢救，病人终于脱离了危险” (After more than 10 hours’ rescue effort, the patient finally got out of danger); “风险” generally refers to the uncertainty that may cause losses in the future, for example “投资有风险，你应该谨慎一些” (Investment poses risk. You should be more cautious). Second, “危险” can also be used as an adjective, for example “非常危险的做法” (very dangerous act), while “风险” cannot be used as an adjective.

请填空：

① 酒后驾驶是一种极其________的行为。

② 做生意是要冒很大________的，人人都想大赚一笔，但现实并非如此。

③ 有人喜欢夏天去河里游泳，他们不知道自己正处于________之中。

④ 请旅客们不要带汽油、酒精等________品进站上车。

语言点

A. 多亏

课文原句：如今三年过去了，张奶奶逐渐恢复过来了，一直说多亏有这些老伙伴陪着。（第①段第 4 行）

结　　构：多亏 + N / V / 小句

意　　思：由于别人的帮助或某种有利因素，避免了不幸或得到了好处。

A misfortune is avoided or a benefit is gained because of others' help or some kind of favorable factor.

例　　句：

① 这次多亏了你的帮助，我才通过了考试。

② 多亏没去，去了就回不来了。

③ 多亏在这儿遇到你了，要不然我们就迷路了。

注　　意：

后半句多用“才 + 好的结果”或“否则 / 要不然 + 不好的事情”。

“才 + good result” or “否则 / 要不然 (or else) + bad result” is generally used in the second half of the sentence.

练　　习：用“多亏”改写句子。

① 我没带手机，米雪也在超市，她帮我付的钱。

____

② 如果没有家人、朋友的鼓励，我是不可能有今天的。

____

③ 是出租车司机帮我找到了钱包，真心感谢他。

____

B. V + 得来

课文原句： 他们互相了解、彼此信任，性格也合得来。（第②段第 2 行）

结　　构： V + 得 / 不来

意　　思： 表示关系是否融洽或是否有能力完成某件事。

It indicates whether a relationship is harmonious or whether someone is capable of accomplishing something.

例　　句：

① 他们两个很聊得来，像是认识多年的好友。

② 他性格内向，跟其他同学处不来。

③ 这个东西我吃不来，太辣了。

练　　习： 选词填空。

A 谈得来　　B 唱不来　　C 学不来

① 这首歌难度太大了，我可能________。

② 他的聪明是天生的，别人________。

③ 工作后能找到一个________的好友是件很难得的事。

C. Adj + 得不能再 + Adj

课文原句： 他们相互了解、彼此信任，性格也合得来，感情好得不能再好。（第②段第 2 行）

意　　思： 到了最高的程度。to the highest extent

例　　句：

① 用烤箱做菜真是简单得不能再简单了。

② 我们是十几年的老朋友了，彼此熟悉得不能再熟悉了。

③ 虽然饺子只是种普通得不能再普通的食物，但就是我的最爱。

练　　习：说说如何用“Adj＋得不能再＋Adj”描述下列各项事物。

事　物	用“Adj + 得不能再 + Adj”描述
宿舍	
自己	
在中国的生活	

D. 独自

课文原句：无论谁独自出去旅行，回来后都会去成员家问候。（第②段第 7 行）

结　　构：独自＋V

意　　思：自己一个人（做某事）。(to do something) by oneself; on one's own

例　　句：

① 这项工作是他独自一人完成的。

② 我真想独自一人去环游世界。

③ 他经常独自一人坐在窗前思考事情。

练　　习：下面这些事情你会一个人去做吗？用“独自”说一说。

事　情	是否会一个人做
看电影	
旅游	
去饭店吃饭	

E. V＋开来

课文原句：互助养老很早就在国外流行开来，近年来被越来越多的中国老人所接受。（第③段第 1 行）

意　　思： 表示事物随动作展开、扩散。

It indicates that something unfolds and spreads along with the action.

例　　句：

① 那家大公司破产的消息在网上流传开来了。

② 这首歌很快就在全国流行开来。

③ 考试的时候大家不要坐在一起，请分散开来。

注　　意：

"来"可以省略。"来" can be omitted.

练　　习： 说一说下列三个方面中最流行的是什么，然后用"流行开来"说一说它们变得流行的时间或范围。

方　面	最流行的是什么	流行的时间或范围
发型		
网络游戏		
运动		

F. 相比起……

课文原句： 相比起传统的子女养老、机构养老，互助养老有以下三个优势。(第③段第 3 行)

结　　构： 相比起 A，B……

意　　思： 拿 B 跟 A 进行比较。compared with

例　　句：

① 相比起北京，我住的城市要小很多。

② 相比起飞机，高铁更方便。

③ 相比起其他三个季节，我更喜欢温暖的春季。

注　　意：

a.“相”可以省略；

“相” can be omitted.

b. 在后半句中，主语后边常有“要”表示比较。

In the second half of the sentence, the subject is often followed by “要” for comparison.

练　　习：你觉得下面哪项更重要？用“相比起 A，B……”说一说。

比较的两项	哪个更重要，为什么
外表美、内心美	
比赛的结果、比赛的过程	
手机的品牌、手机的功能	

G. 而 4

课文原句：互助养老小组的成员是老人们通过长时间“挑选”而形成的。（第③段第 4 行）

意　　思：将表示目的、原因、方式等的成分连接到动词上。

It connects the element representing the purpose, reason, method, etc. to the verb.

例　　句：

① 婚姻是自己的事，不要为了让父母开心而结婚。

② 他因为没买到机票而晚报到了几天。

③ 他希望通过不断的努力而让自己变得更优秀。

练　　习：用“而”回答问题。

① 你觉得大部分留学生学汉语的目的是什么？

② 你会因为什么而泪流满面？

③ 你认为了解一个人最有效的方式是什么？

H. 单

课文原句： 老人们之间毕竟没有法律和亲情的约束，一旦发生矛盾，单靠几个老人不一定能够处理好。（第④段第 2 行）

结　构： 单 + V/N

意　思： 只、仅仅。only; alone

注　意：

“单”可以重叠。“单” can be reduplicated.

例　句：

① 单看他的外表，我就知道他不是本地人。

② 单单交房租，一个月就得四千块。

③ 运动会上，我们班单李白一个人就得了三个冠军。

练　习： 给“单”选择合适的位置。

① A 做事情不能 B 靠热情，还得 C 不断 D 努力。

② 王教授的 A 书架上 B 中国历史方面的 C 书就 D 有几十本。

③ A 出现这个错误 B 是两个人的责任，C 怎么能 D 说他一个人呢？

课文理解

■ 读第一遍课文，回答问题。

1. 是什么使张奶奶不再悲观？
2. 互助小组内部老人们的关系如何？
3. 互助小组成员间闹矛盾吗？
4. 互助小组每天的日程满不满？
5. 互助养老的形式在中国容易被接受吗？

读第二遍课文，选择正确的答案。

1. 张奶奶对互助养老的态度是：

A 吃惊　　B 感激

C 后悔　　D 羡慕

2. 关于姥姥的互助小组，正确的是：

A 成员文化程度相同　　B 晚上住在一起

C 彼此间感情良好　　D 每年去欧洲旅游

3. 下列哪项不是互助养老的优势？

A 无住宿困难　　B 比养老院价格低

C 性格合得来　　D 及时发现生病成员

4. 作者认为，互助养老存在的风险是：

A 管理费用高　　B 成员间的矛盾

C 缺少志愿者　　D 不能及时就医

读第三遍课文，根据课文内容填空。

1. 导致张爷爷去世的心脏病是由病毒性感冒________的。
2. 互助小组成员间关系融洽的原因之一是性格________。
3. 如何________成员间产生矛盾是互助养老这一形式需要解决的核心问题。
4. ________互助成员间的责任与义务可以有效地对互助养老小组进行管理。
5. 由于能有效地减轻家庭和社会的养老压力，互助养老是一种值得________的养老方式。

表达技巧

打比方（Analogy）

打比方是通过比喻来说明事物或现象的说明方法。打比方可以直观地将说明对象呈现在读者面前，使文章生动形象。

课文第④段为了说明互助养老的老人之间的关系，使用了打比方的说明方法：

Analogy is a way of explaining one thing or phenomenon by comparing it to another. It can make the point clear to the reader and enliven the article.

In paragraph 4 of the text in this lesson, an analogy is drawn in order to explain the relationship between the elderly who help one another:

十个手指伸出来都不一样长，兄弟姐妹闹不好也会变成仇人，老人们之间毕竟没有法律和亲情的约束，一旦发生矛盾，单靠几个老人不一定能够处理好。

文中将互助养老的老人之间的关系比喻成十个手指头的关系。十根手指的显著特点是不一样长，课文以此直观形象地说明老人们的意见容易发生分歧，从而可能会引发矛盾。

The text compares the relationship between the elderly who help one another to that of the ten fingers. A distinguishing feature of the ten fingers is that they are not the same length, through which the text demonstrates that the old people often have divergent opinions, which may lead to conflicts.

将所给词语填入适当位置，完成下面一段话。

A 大水泵　B 换气室　C 侦查员　D 清洁工
E 采集师　F 指挥官　G 管道

生物学家告诉我们，人的身体就像是一座奇妙的化学工厂。大脑是这座工厂的________，负责发出命令。眼睛、耳朵是________，为指挥官提供各种信息。心脏好像是一个________，为工厂提供动力，而全身的血管仿佛进行化学反应的________。肺是一个大的________，为工厂内部提供新鲜空气。胃、肠是营养的________，维持工厂的正常运转。肝、肾是负责任的________，保持工厂内部环境的干净整洁。

任务活动

除了本课介绍的在社区内进行互助养老，老年人还可以去养老院安度晚年。请完成下面的任务：

第一步：

在你的国家，老人去养老院流行吗？等你老了，是否会选择去养老院？

第二步：

在网站上找一家中国的养老院，查看一下那儿的设施环境、收费标准、活动安排。

第三步：

和同学说一说你是否会让家里的长辈入住这家养老院，并陈述原因。你可能会用到下列词语和语言点。

养老　规模　浏览　集体　亲切　挑选　沟通　融洽　治疗　风险
食堂　住宿　提倡　推广　志愿者　集体　聚　而　V＋得来
Adj＋得不能再＋Adj

词语拓展

人的动作（2）

绑 砍 砸 盖 造 添 献 望 瞧 闻 吸 踩 归 滚 甩

逼 告 戒 犯 罚 念 传 签 调 背 夹 争 磨 防

笔　记

心理

第五课 做孔雀

背景知识

你有没有过这样的经历？当你因为做错了事情而向别人道歉时，对方却毫不在意；当你精心给别人准备了一个惊喜时，对方却没有兴奋的表情。在本课，我们将读到两个故事，读完以后，也许你会明白这些现象的原因。

热　身

1. 当你误会别人时，你认为对方有何感受？
2. 你会用什么方式跟对方道歉？
3. 你认为自己在他人心中重要吗？
4. 如果发现在朋友心中，你没有自己想象的那么重要，你会有何感受？

自学生词

课前查词典自学以下生词，然后把词语分类。

词语	拼音	意思	词语	拼音	意思
孔雀			爹		
物理			翅膀		
老婆			村子		
试卷			领导		
题目			大自然		

❶ 人物　　❷ 学业　　❸ 自然

课文

做孔雀 05

① 朋友是个公司经理，平时工作很忙。有一天回家早，便去找儿子谈话，问他最近有没有刻苦学习，考没考试。儿子说刚考了物理，得了 64 分。他一下子急了，责怪儿子怎么会考那么低的分数。儿子没回答。

② 他立刻觉得，自己没尽到父亲的责任，便开始对儿子进行教育。他对儿子说自己读书时，物理很少低于 90 分，更不用说[A]考 60 多分了。“我那时候考 80 多分就很焦虑，你怎么刚刚及格还不着急呢？你心态真好。”儿子依然不说话。

③ 这时他老婆回来了。他说没想到儿子会这样，成绩降了这么多也无动于衷。没想到老婆说：“他考得不差，这次试卷的题目极难，他们班最高分才 66。你儿子是第二名！”

④ 他听了大吃一惊，心中很不安，怕伤害了孩子的学习积极性。他觉得自己

有必要做个好父亲，连忙[B]来到儿子的房间，用非常诚恳的语气对儿子说：“孩子，爸爸今天错怪你了，说的话也很过分。爸爸主观主义，没调查就发言，以后一定改正。”之后他又说了很多动人的话，他觉得自己是一个多么尊重孩子、多么具有民主精神的父亲啊！不料儿子只是点点头，并没有想象中那副感动得眼泪直流[C]的样子。事后儿子对妈妈说：“老爹也太‘孔雀’了。他说什么我根本没注意听，一点儿都没往心里去，他还来做什么检讨，也真是认真！”

⑤ “太孔雀”，即[D]太自作多情的意思。孔雀不总是自作多情地打开它美丽的翅膀吗？

⑥ 朋友讲的这一事件让我大乐。但很快，我也做了一次孔雀。今年夏天儿子参加学校组织的英语夏令营，去了趟美国，时间一个月。因为时差，联系的次数很有限，当然是很想念了。就在儿子快要回来的时候，我被派到一个村子里采访。

⑦ 我心里觉得很抱歉，于是结束采访后急着走。村子领导见我们连续工作数[E]日没有休息，就反复邀请我们去山里玩儿，说那里不光有名胜古迹，还有优美的自然风景。我一向是喜欢大自然的，可那时却只想回家亲自给孩子做顿好吃的，就坚决要走。

⑧ 领导听了我的理由，只好答应了。于是第二天一大早我们就抓紧时间上路了。走在路上手机有信号时，我给儿子发了个短信，告诉他我下午可以赶到家。中午到达重庆，又有当地好客的同事要招待我们多玩儿一天，我也是以同样的理由推辞了。吃过午饭我们没有停留，傍晚总算到家了。同事说：“反正[F]也是吃晚饭的时间了，你和我们一起去餐馆吃了再回家吧。”我说：“不了，我儿子等我呢。”

⑨ 不料到家后，家里空无一人，儿子在纸上留言，说是和同学吃饭去了。我只好随便煮了几个饺子，然后呆坐在沙发上等儿子。儿子是10点半回来的，我等了足足[G]4个小时。我并没有打电话催他。

⑩ 儿子回来时我已经没脾气了。他告诉我晚上吃了饭又跟朋友一起聊天儿，一聊就聊晚了。我说：“你和同学相处了一个月，你和妈妈分别了一个月，你都没想过早点儿回来和妈妈说说话吗？”儿子说：“对不起。”

⑪ 我还能说什么？谁让自己要做孔雀呢？可问题在于，今后难免[H]会再做的。

（选自《意林》，作者裘山山，有改动。全文约1160字，大约需要9分钟）

生 词

1	谈话	tán//huà	VO	to have a talk	和领导谈话
2	刻苦	kèkǔ	Adj	assiduous; hard-working	刻苦学习、刻苦的学生
3	尽	jìn	V	to try one's best	尽（到）责任 / 义务、尽最大的努力
4	及格	jí//gé	VO	to pass (a test)	考试及格
5	心态	xīntài	N	mentality	心态很好、健康的心态
6	依然	yīrán	Adv	as before; still	依然很年轻、依然相爱
7	降	jiàng	V	to lower	降价 / 职、降低
8	无动于衷	wúdòng-yúzhōng	IE	aloof and indifferent	依然无动于衷
9	大吃一惊	dàchī-yìjīng	IE	to be greatly surprised	让别人大吃一惊
10	不安	bù'ān	Adj	uneasy; disturbed	感到不安、坐立不安、不安的表情
11	伤害	shānghài	V	to injure; to harm	伤害他人、受到伤害、严重的伤害
12	连忙	liánmáng	Adv	hastily; hurriedly	
13	诚恳	chéngkěn	Adj	sincere; heartfelt	诚恳的态度、诚恳地道歉、待人诚恳、诚恳做人
14	过分	guò//fèn	Adj	excessive	过分的要求、过分追求、毫不过分
15	主观主义	zhǔguān zhǔyì	IE	subjectivism	反对主观主义
16	发言	fā//yán fāyán	VO/N	to speak; to give a speech; speech	在班里发言、准备发言稿、举手发言、精彩的发言
17	改正	gǎizhèng	V	to correct	改正错误 / 坏习惯 / 缺点、立即 / 彻底 / 及时改正
18	动人	dòngrén	Adj	moving; touching	动人的音乐 / 情景
19	民主	mínzhǔ	N/Adj	democracy; democratic	民主的国家
20	想象	xiǎngxiàng	V	to imagine	不可 / 难以想象、发挥想象、想象中、想象力
21	副	fù	M	*a measure word for sets of objects or for facial expressions, appearances, etc.*	一副眼镜 / 筷子 / 刀叉、一副吃惊 / 痛苦的样子
22	眼泪	yǎnlèi	N	tear(s)	流下 / 忍住眼泪、笑出眼泪
23	检讨	jiǎntǎo	V/N	to examine one's own faults; self-criticism	检讨自己的错误、写检讨

24	即	jí		i.e.; aka	
25	自作多情	zìzuò--duōqíng	IE	to be under the hallucination that the other party is willing; to be self-assertive	不要自作多情
26	事件	shìjiàn	N	incident; event	事件的经过、整个事件、突发事件
27	夏令营	xiàlìngyíng	N	summer camp	参加 / 报名夏令营
28	时差	shíchā	N	time difference	有两个小时时差、倒时差
29	有限	yǒuxiàn	Adj	not many/much; limited	能力 / 水平有限、有限的时间
30	想念	xiǎngniàn	V	to remember with longing; to miss	想念家人 / 家乡
31	数	shù	Nu	a few; several	
32	反复	fǎnfù	Adv/V	repeatedly; to repeat; to relapse	反复思考 / 修改、反复无常
33	优美	yōuměi	Adj	graceful; fine	优美的风景 / 音乐 / 歌声
34	亲自	qīnzì	Adv	personally; in person	亲自跑一趟 / 处理 / 出马
35	坚决	jiānjué	Adj	firm; resolute	坚决反对 / 改正、态度坚决
36	答应	dāying	V	to agree; to promise	答应他的请求 / 求婚、答应给我买礼物
37	抓紧	zhuā//jǐn	VC	to grasp; to seize; to hold firmly	抓紧时间 / 复习、抓紧准备
38	信号	xìnhào	N	signal	没信号、信号很弱
39	短信	duǎnxìn	N	text message	发短信、一条短信
40	好客	hàokè	Adj	hospitable	热情好客
41	招待	zhāodài	V	to receive (guests); to serve; to entertain	招待客人 / 朋友、拿好菜招待
42	推辞	tuīcí	V	to decline; to refuse	推辞几句、绝不推辞
43	反正	fǎnzhèng	Adv	in any case; anyhow	
44	空无一人	kōngwúyìrén	IE	not a soul in sight	空无一人的房间
45	留言	liú//yán	VO	to leave a message	给朋友留言、留言本
46	足足	zúzú		as much as	
47	催	cuī	V	to urge; to press	催婚 / 菜 / 稿、催孩子起床
48	难免	nánmiǎn	Adj	hard to avoid	

特例词

1	重庆	Chóngqìng	PN	Chongqing, a city in China

重点词语学习

	词语	搭配	例句
1	尽	尽到责任	他作为一个男人并没有尽到养家护家的责任。
		尽义务	面对该尽的义务时，你千万不要逃避。
		尽最大的努力	放心吧，我会尽自己最大的努力帮你。
2	降	降价	快过期的产品只好降价卖掉。
		降职	王经理由于工作业绩不好被降职了。
		降低	老师根据同学们的实际情况降低了考试难度。
3	不安	感到不安	这条新闻让很多正在使用这个产品的人感到很不安。
		坐立不安	儿子第一次出远门，今天回来，妈妈在家等得坐立不安。
		不安的表情	考试前，每个人的脸上都露出不安的表情。
4	伤害	伤害他人	我们需要懂得：不要伤害他人，不要伤害自己，也不要被他人伤害。
		受到伤害	他之所以说话如此谨慎，是希望自己不要受到伤害。
		严重的伤害	你说的这些话会对她造成严重的伤害。
5	过分	过分的要求	不要一直满足孩子的要求，否则，他会提出更过分的要求。
		过分追求	她本来就不胖，这样过分追求瘦反而不好看。
		毫不过分	用“丑”来形容这款手机也毫不过分。
6	想象	不可 / 难以想象	真难以想象，20 年后的生活会是什么样的。
		发挥想象	家长应该鼓励孩子画画儿时充分发挥想象。
		想象中	这道菜和我想象中的不太一样。
7	有限	能力有限	一个人的能力有限，所以我们提倡合作办公。
		水平有限	由于水平有限，本书中仍存在一定的问题。
		有限的时间	参加 HSK 考试的时候，要在有限的时间中做对更多的题目。
8	坚决	坚决反对	我坚决反对“重男轻女”的思想。
		坚决改正	认识到自己的错误，就要坚决改正。
		态度坚决	他态度坚决地表示，即使父母反对也要跟女友结婚。

	词语	搭配	例句
9	抓紧	抓紧时间	这件事情很紧急，你要抓紧时间办。
		抓紧复习	过几天就要期末考试了，大家抓紧复习。
		抓紧准备	新学期就要开始了，学校正在抓紧准备。
10	催	催婚	她才 25 岁，父母就开始催婚了。
		催菜	服务员，麻烦给我们催催菜。
		催孩子起床	每天早上催孩子起床都是一场“战争”。

选择表中适当的词语搭配填空，然后和同学进行问答。

1. 一个领导没有________，他是否应当被降职？（尽）
2. 如果舍友向你提出________，你会怎么办？（过分）
3. 质量有些问题但不影响使用的________商品，你会买吗？（降）
4. 什么事情会让你________？（不安）
5. 请你________，说一说 10 年后的今天自己在做什么。（想象）
6. 父母让你做什么事情，你会________？（坚决）
7. 老板说 10 分钟后开个会，你能否________一下开会用品？（抓紧）
8. 在你的国家父母________吗？怎么催？（催）

词语综合练习

将每一组左右两栏的词语进行连线，组成正确的词组，然后选择恰当的词组完成句子。

第一组：

I	II
和领导	推辞
让妻子	给我留言
改正	有限
反复	谈话
发言时间	大吃一惊
优美的	自然风光
抓紧时间	试卷上的错误

1. 上次的考试题发下来了，老师让我们________________。
2. 由于________________，我们还得再精简一下要说的内容。

3. 我帮了朋友一个忙，她非要送我礼物，我虽然________________，但她还是很坚持。

4. 上次去云南还是五年前，但我始终忘不了那儿________________。

5. 丈夫瞒着家人买了辆新车，这________________。

第二组：

I	II
亲自	检讨
依然	催我回家
态度诚恳的	主观主义
坚决反对	招待
答应别人	过分的要求
降低	题目难度
发短信	无动于衷

1. 孩子在屋里哭了好久，可父亲________________地坐在客厅的沙发上。

2. 不要轻易________________，因为如果你做不到的话就会让对方觉得你没有信用。

3. 今晚老板将________________公司的合作伙伴。

4. 他认识到了错误的严重性，写了一份________________。

5. 针对部分老师过分追求难题、偏题的情况，教育专家建议________________。

近义词辨析

1. 连忙、赶快

这两个词都是副词。当用在陈述句中，用来描述情况时，两个词可以互换，如“看到客人进来了，服务员连忙 / 赶快迎上去”。但是用于祈使句中时，只能用“赶快”，如“我们赶快走吧，快下雨了”。

Both words are adverbs. When used in a declarative sentence to describe a situation, the two can be interchanged, for example “看到客人进来了，服务员连忙 / 赶快迎上去” (Seeing the guest coming in, the waiter immediately went up to him). But in an imperative sentence, only “赶快” can be used, for example “我们赶快走吧，快下雨了” (Let’s hurry up. It’s going to rain).

请填空：

① 菜终于上来了，我__________拿起筷子大口吃起来。

② 你的病情相当严重，别拖了，明天__________去看病。

③ 他看见有老人上车，__________起身让座。

④ 时间就是金钱，如果你觉得这个项目值得做，就__________着手准备。

2. 反复、重复

两个词都可以做动词。当表示同样的情况不止一次出现时，两个词可以互换，如“这个画面在电影里重复 / 反复了好几遍”。而当不同的情况交替出现时，只能用“反复”，如“他一会儿一个主意，反复了好几次”。在祈使句中，只能用“重复”，如“我没听清，请你再重复一遍”。此外，“反复”还可以用作名词和副词，如“病情有反复是正常的”“经过反复考虑，我决定辞掉现在的工作”。

Both words can be used as verbs. When indicating the same situation occurs more than once, the two can be interchanged, for example “这个画面在电影里重复 / 反复了好几遍” (This scene repeats several times in the movie). When different situations appear alternately, only “反复” can be used, for example “他一会儿一个主意，反复了好几次” (He has changed his mind several times). In an imperative sentence, only “重复” can be used, for example “我没听清，请你再重复一遍” (I didn’t hear it clearly. Please say it again). In addition, “反复” can also be used as a noun or an adverb, for example, “病情有反复是正常的” (A relapse of disease is quite normal) and “经过反复考虑，我决定辞掉现在的工作” (After thinking it over and over again, I’ve decided to quit this job).

请填空：

① 这段视频我在网上________看了无数次。

② 这位作家写文章总是________修改，仔细考虑每个词用得是否合适。

③ 我这儿刚才信号不好，请您把刚才说的话________一遍吧。

④ 癌症之所以难以治疗，原因之一就是有可能会出现________。

语言点

A. 更不用说

课文原句： 他对儿子说自己读书时，物理很少低于90分，更不用说考60多分了。（第②段第1行）

结　　构： 更不用说……了

意　　思： 不需要说也知道情况与前边相同。let alone; not to mention

例　　句：

① 我的汉语日常交流都有问题，更不用说看专业书了。

② 他连女朋友都没有呢，更不用说结婚生子了。

③ 他对朋友都那么有责任心，更不用说对父母了。

练　　习：完成句子。

① 他不能吃辣，微辣都不行，更不用说________________。

② 他连足球都没碰过呢，更不用说________________。

③ 30 岁的人都这么喜欢这些可爱的小玩具，更不用说________________。

B. 连忙

课文原句：他觉得自己有必要做个好父亲，连忙来到儿子的房间。（第④段第 1 行）

结　　构：连忙 + V

意　　思：赶快，赶忙。quickly; immediately

例　　句：

① 看到女朋友被气走了，他连忙追了上去。

② 老师把生病的同学送到医院，又连忙赶回来给我们上课。

③ 见到妈妈生气了，他连忙道歉，说"对不起"。

练　　习：下面三种情况，你会"连忙"做什么？

情　况	"连忙"做什么
有人敲门	
老师说"开始答题"	
看到两个朋友在吵架	

C. 情态补语 2

课文原句：儿子只是点点头，并没有想象中那副感动得眼泪直流的样子。（第④段第 5 行）

结　　构：Adj/V + 得 + 动词短语 / 主谓短语

注　　意：

第二册第一课我们学习了形容词短语充当情态补语，本课学习动词短语或主谓短语充当情态补语，这类情态补语更加具体、形象。

汉语中的情态补语非常丰富，同一个谓语后可有多种情态补语。

In the first lesson of Book 2, we learned adjective phrases used as modal complements. In this lesson, we learn modal complements which are verb phrases or subject-predicate phrases. Such modal complements are more specific and vivid.

There are quite a number of modal complements in Chinese, and one predicate can be followed by multiple modal complements .

例　　句：

① 我忙得连饭也忘了吃。

② 我忙得团团转。

③ 我忙得满头是汗。

练　　习：想一想下面的谓语可以搭配什么样的情态补语。

谓　语	可搭配的情态补语
累	
气	
紧张	
高兴	

D. 即

课文原句：“太孔雀”，即太自作多情的意思。（第⑤段第 1 行）

结　　构：A 即 B

意　　思：就是。that is to say; i.e.; in other words

例　　句：

①“北大”，即北京大学。

②“高考”，即普通高等学校招生全国统一考试。

③ 比赛时间是美国东部时间 23 日晚上 8 点，即北京时间 24 日早上 8 点。

练　　习：上网查一查下面三个词语的意思，然后用“即”说一说。

词　语	意　思
北上广	
小升初	
RMB	

E. 数

课文原句：村子领导见我们连续工作数日没有休息，就反复邀请我们去山里玩儿。(第⑦段第 1 行)

结　　构：数 (+M) + N；数 + Nu (+M) + N

意　　思：几，几个。several; multiple

例　　句：

① 在这个岗位上，他数十年如一日，从不偷懒。

② 该公司业务已进入欧洲数个国家。

③ 在北京停留数日后，该明星将于下周日乘飞机回国。

练　　习：请用“数”回答问题。

① 你们学校有多少留学生？

② 你的手机待机时间是多少？

③ 你在中国一年的生活费是多少？

F. 反正

课文原句： 反正也是吃晚饭的时间了，你和我们一起去餐馆吃了再回家吧。（第⑧段第 4 行）

意　思 1： 强调某个情况的原因。It emphasizes a certain reason.

例　　句：

① 反正已经迟到了，我们就别着急了。

② 反正我去上课也听不懂，那我就不去了。

③ 反正现在的手机照相技术都很高，我就不买相机了。

练　　习： 完成对话。

① A：雨越下越大了，打上伞吧！

B：反正衣服都湿了，____________________。

② A：能借一下你的圆珠笔吗？

B：____________________，就送给你吧！

③ A：时间不早了，我得回去了。

B：你再多玩儿一会儿吧，____________________。

意　思 2： 强调在任何情况下做法、结果、态度、情况都不会改变。

It emphasizes that the practice, result, attitude or situation will not change under any circumstances.

例　　句：

① 这个活动很有意思，不管你参不参加，反正我一定参加。

② 你什么时候来都可以，反正我下午都在家。

③ 那道菜不是鸡肉就是牛肉，反正不是鱼肉。

练　　习： 给“反正”选择合适的位置。

① 去不去 A 你自己 B 决定，C 我肯定 D 去。

② A 你同意也好 B 反对也好，C 我不会 D 放弃我的想法。

③ A 你过来或者 B 我过去都行，C 都 D 一样。

G. 足足

课文原句：儿子是 10 点半回来的，我等了足足 4 个小时。（第⑨段第 2 行）

结　　构：V + 足足 + Nu + M；足足 + V + Nu + M

意　　思：完全达到了某一比较多的数量或某个比较高的程度。

having reached a relatively large quantity or high degree

例　　句：

① 这次考试，她准备了足足半年。

② 那个男生的身高足足有两米。

③ 我从没见到过这么大的鱼，看样子足足有五斤。

练　　习：用“足足”回答问题。

① 你坐飞机回国需要多久？

② 词汇量达到多少能通过 HSK 六级？

③ 你最长一次连续多久没睡觉？

H. 难免

课文原句：可问题在于，今后难免会再做的。（第 ⑪ 段第 1 行）

结　　构：难免 + V；……是难免的

意　　思：不容易避免。inevitable

例　　句：

① 人多的时候，大家的意见难免不一致。

② 年轻人经验不足，工作中难免出现差错。

③ 你们第一次见面，共同话题不多也是难免的。

练　习：用“难免”完成句子。

① 这是我第一次出国留学，____________________。

② 生活的道路上不可能永远顺利，_______________。

③ ____________________，希望读者可以批评指正。

课文理解

读第一遍课文，回答问题。

1. 朋友孩子的物理考得怎么样？
2. 朋友为什么要向儿子做检讨？
3. 采访结束后，“我”为什么急着回家？
4. 儿子在家等“我”吗？“我”的心情如何？
5. “我”觉得自己今后还会做孔雀吗？

读第二遍课文，选择正确的答案。

1. 第④段中，朋友为什么感到很不安？

A 孩子成绩差　　B 没时间照顾家庭

C 孩子很焦虑　　D 错误地批评了孩子

2. 孩子对朋友检讨的态度是：

A 不在乎　　B 很感动

C 不民主　　D 很诚恳

3. 回家途中，“我”没有做什么？

A 给孩子发短信　　B 跟同事吃午饭

C 参观名胜古迹　　D 拒绝他人招待

4. “我”做孔雀的表现是：

A 为孩子做饭　　B 认为孩子会在家等“我”

C 耐心等孩子回家　　D 支持孩子参加夏令营

■ 读第三遍课文，判断下列说法正确、错误还是未提到。

	正确	错误	未提到
1. 面对不理想的物理成绩，孩子觉得无所谓。			
2. 朋友是个勇于承认错误的人。			
3. “我”周围的朋友都做过孔雀。			
4. 工作结束后，“我”一再拒绝他人的邀请。			
5. 比起跟朋友聚餐，孩子更想在家陪父母。			

表达技巧

反语（Irony）

反语是一种运用与本意相反的词语来表达此意的修辞方法。在反语中，如果使用褒义词，则实际表达为贬义，并含有强烈的否定、讽刺和嘲弄的意味。如果使用贬义词，则实际表达为褒义，可使语言具有风趣、幽默的特色。课文中有两处使用了反语的修辞方法：

Irony is a rhetorical device that uses words opposite to what one really means. In irony, if commendatory words are used, the actual meaning is derogatory and they imply strong negation, sarcasm and mockery. If derogatory words are used, they are actually intended as commendation, which can make the language witty and humorous. There are two places in the text where irony is used:

“我那时候考 80 多分就很焦虑，你怎么刚刚及格还不着急呢？你心态真好。”儿子依然不说话。

父亲说儿子“心态真好”，实际意思不是夸儿子心态好，而是讽刺儿子成绩差了还不着急。

The father said “心态真好” to his son, which was not meant to praise his son’s good state of mind, but to ridicule his son for not worrying about his poor grades.

事后儿子对妈妈说：“老爹也太‘孔雀’了。他说什么我根本没注意听，一点儿都没往心里去，他还来做什么检讨，也真是认真！”

儿子说父亲“认真”，实际意思不是夸父亲有认真精神，而是讽刺父亲小题大做。

By saying that his father was “认真”, the son didn’t really mean to praise his father’s serious spirit, but to satirize his father, who in his mind was making a fuss.

■ 从所给的两个词中选择一个合适的词，完成反语句。

A 早	B 晚

1. 女孩儿对男孩儿说："________！我才等了你一个小时！"

A 聪明	B 笨

2. "他只做轻松、容易的工作，把这些麻烦的事都推给我们，________！"同事无奈地说。

A 好孩子	B 小坏蛋

3. 妈妈在看书，儿子突然跑过来把生日礼物放到她面前，吓了她一跳。"________，这是什么？"妈妈笑着问。

任务活动

本课讲了作者与朋友做孔雀的两件事。其实，做孔雀的事情在每个人身上都经常发生，只是我们往往没有意识到这一现象的存在。

■ 第一步：

想想你在生活中有没有做过孔雀。

■ 第二步：

三人一组说一说自己的故事，选出一个最有代表性的故事。

■ 第三步：

请把这个故事以及你们对做孔雀这种行为的思考写下来。你们可能会用到以下词语和语言点。

过分　依然　不安　伤害　诚恳　改正　主观主义　动人
眼泪　想象　检讨　亲自　连忙　自作多情　数　足足　反正
难免　无动于衷　大吃一惊

词语拓展

表达观点（1）

强调　是非　开头　章　定义　议论　过渡　归纳　结局

结论　证实　支撑　客观　片面　生动　必定

笔　记

地理

第六课 海南知多少

背景知识

冬季，很多中国人选择去南方旅游。在众多旅游城市中，海南省三亚市一定是最热门的城市之一。当中国大部分地区气温已经接近 0 度的时候，这里还是 20 多度，是人们躲避严寒的好去处。本课将向大家介绍中国的南海明珠——海南岛。

热　身

上课前，请你上网查一查这几个问题的答案：

1. 海南岛在中国什么位置？
2. 那儿有哪些著名的旅游景点？
3. 从你住的城市可以怎么去海南？
4. 现在这个季节去海南，天气如何？

自学生词

课前查词典自学以下生词，然后将词语分类。

词语	拼音	意思
热带		
岛屿		
梨		
山地		
平原		
手指		
地理		
温室		
黄金		
土地		

词语	拼音	意思
水稻		
矿产		
金		
银		
铁		
金属		
煤炭		
大陆		
公路		
海岸		

❶ 地　理

❷ 矿　产

❸ 农作物

课　文

海南知多少 06

① 海南岛是中国南方的热带岛屿，南北长约[A] 245 公里，东西宽约 258 公里，形状就像一个梨，被蓝色的海洋包围着。海南岛面积约为 3.4 万平方公里，是仅次于台湾岛的中国的第二大岛。

② 海南岛中间高，四周低。山地位于岛中央，平原围绕在四周。整个岛平均海拔 120 米。500 米以上的山地占全岛面积的 25%，1000 米以上的山峰更是多达 81 座，其中海拔 1867 米的五指山为海南最高峰。五指山是海南的象征，它

因形态像人的五个手指而得名。五指山是中国名山之一，历史上流传下来[B]了不少关于五指山的神话故事和民间传说。山区风景独特，原始森林遍布，每年吸引着无数国内外游客到此游览。

③　海南岛地处热带北端，地理位置优越，被称为“天然大温室”。这里长夏无冬，年平均气温为22.5℃～25.6℃。岛上雨水充足，水资源丰富，但降水季节的分配很不均匀，旱季、雨季分明。每年5月至10月是雨季，降水量大致[C]为全年的70%～90%。每年11月至次年4月为旱季，气候相对干燥，降水量仅占全年的10%～30%，经常会发生干旱。

④　得益于[D]充足的阳光，海南岛被很多专家认为是发展热带特色农业的黄金宝地。这里土地面积广，占中国热带土地面积的42.5%。海南岛的水稻一年三熟，土地利用率高。热带水果的种植也是这里的优势产业，还是农民收入的主要来源。海南岛的农产品不仅能提供给本地居民，还销往国内接近60个大中城市，也有部分出口到日本、韩国等国家，具有很高的经济价值。

⑤　海南岛矿产资源丰富，有开采价值的矿产资源有36种，矿产地435处。矿产资源包括金、银、铜、铁等金属以及煤炭、汽油等其他资源，矿产地中规模达到大型的有69处。

⑥　交通运输曾是限制海南经济发展的重要因素之一。改革开放以来，海南加快了交通设施的建设，陆续[E]修建了多条公路、多个国际机场，并沿着海岸建设了高速铁路，现在人们甚至可以坐着火车从广东到海南。现代交通方式逐渐代替了传统的交通方式，促进了海南经济的繁荣发展，海南人的生活范围也因此得以扩大。

⑦　海南岛所在的海南省是中国最年轻的省，也是中国最南端的省。海南省自1988年建省以来，在政治、经济、文化等各个方面均[F]取得了巨大的成就。海南人民不但勤劳努力，而且思维活跃，这使得[G]海南经济的发展没有局限于传统模式之中[H]。现在海南正努力改进产业结构，大力发展现代旅游业和服务业。每年冬季，越来越多的家庭从寒冷的北方飞往温暖的海南，度过一年中最重要的假期——春节。春节在海南度假成了中国人过年的一种流行方式。热情的海南也在接待越来越多的外国游客，成为世界了解中国的重要窗口。

（全文约1120字，大约需要8.5分钟）

生　词

1	约	yuē	Adv	about; around	
2	形状	xíngzhuàng	N	form; shape	形状相似 / 不一、各种形状
3	包围	bāowéi	V	to surround; to encircle	包围敌人、包围起来
4	平方	píngfāng	M	square (used to measure area)	1 平方米、平方公里
5	次	cì		second to	仅次于、次之、退而求其次
6	四周	sìzhōu	N	four sides; periphery	学校四周、环顾四周
7	中央	zhōngyāng	N	center	站在中央、舞台中央
8	围绕	wéirào	V	to encircle; to center around	围绕着太阳转、围绕……话题、围绕在身边
9	海拔	hǎibá	N	elevation; altitude	海拔高度、海拔 600 米、海拔很高
10	象征	xiàngzhēng	N/V	symbol; to symbolize	是……的象征、象征意义、象征着
11	形态	xíngtài	N	form; shape	形态各异 / 多样 / 万千
12	流传	liúchuán	V	to spread; to circulate	流传下来、流传到今天、流传着很多故事
13	民间	mínjiān	N	among the people; non-governmental	民间传说、在民间、民间艺人
14	原始	yuánshǐ	Adj	primitive; primeval	原始森林 / 社会 / 人
15	遍布	biànbù	V	to spread all over	遍布全国各地 / 五大洲
16	端	duān		end; extremity	两端、最南端
17	优越	yōuyuè	Adj	advantageous; superior	优越感、优越的条件
18	天然	tiānrán	Adj	natural	天然景色、天然形成、纯天然的食品
19	充足	chōngzú	Adj	adequate; sufficient	阳光 / 雨水 / 时间 / 数量 / 准备充足、充足的睡眠时间
20	旱季	hànjì	N	dry season	在旱季、正值旱季
21	分明	fēnmíng	Adj	distinct; clear	四季分明、爱恨分明
22	大致	dàzhì	Adv/Adj	roughly; approximately; general	
23	干燥	gānzào	Adj	dry; arid	气候干燥
24	干旱	gānhàn	Adj	dry; arid	常年 / 长期 / 连续干旱、连日的干旱
25	得益于	déyì yú		to benefit by; to profit from	
26	农业	nóngyè	N	agriculture; farming	农业生产

27	广	guǎng	Adj	wide; extensive	地广人稀、广为流传
28	种植	zhòngzhí	V	to plant; to grow	种植蔬菜 / 鲜花
29	本地	běndì	N	this locality	本地新闻 / 市场 / 人
30	销	xiāo	V	to sell	热销、销了不少货
31	接近	jiējìn	V	to be close to; to approach	接近一千人、接近世界先进水平、难以接近、接近他
32	开采	kāicǎi	V	to mine; to exploit	过度开采、开采煤矿
33	大型	dàxíng	Adj	large-scale	大型超市 / 晚会 / 客机
34	运输	yùnshū	V	to transport	运输商品、交通运输
35	改革开放	gǎigé kāifàng		reform and opening-up	改革开放以来 / 初期、改革开放四十周年
36	陆续	lùxù	Adv	one after another; successively	
37	沿	yán	Prep	along	沿着这条路走、沿街叫卖
38	代替	dàitì	V	to replace	逐渐代替、代替不了、无法代替、代替他
39	繁荣	fánróng	Adj	flourishing; prosperous	经济繁荣、繁荣的景象、繁荣富强
40	范围	fànwéi	N	scope; limits	范围广、扩大 / 限定范围、在世界范围内、能力范围以外
41	政治	zhèngzhì	N	politics	政治课、国际政治
42	均	jūn	Adv	without exception; all	
43	勤劳	qínláo	Adj	diligent; hard-working	勤劳的人
44	思维	sīwéi	N	thought; thinking	创新思维、思维活跃、思维方式
45	使得	shǐde	V	to make; to cause	
46	局限	júxiàn	V	to limit; to confine	局限于、局限性、难免有局限
47	模式	móshì	N	pattern; model; mode	交往 / 经营模式、新模式
48	改进	gǎijìn	V	to improve	改进教学方法、进一步改进、有很大的改进
49	度过	dùguò	V C	to pass (time); to spend (time)	在……度过、度过一生 / 寒冬 / 愉快的一天
50	接待	jiēdài	V	to receive (sb.)	接待客人、热情接待
51	窗口	chuāngkǒu	N	window	售票窗口、站在窗口

特例词

1	广东	Guǎngdōng	PN	Guangdong, a province in China	

重点词语学习

	词 语	搭 配	例 句
1	次	仅次于	印度是世界上人口第二大国，仅次于中国。
		次之	我们班学习最刻苦的是李白，马小军次之。
		退而求其次	大城市生活花费太高了，我只好退而求其次，选择去二线城市。
2	围绕	围绕着太阳转	地球围绕着太阳转。
		围绕……话题	大家围绕“保护环境”这一话题进行了讨论。
		围绕在身边	希望好运气一直围绕在你身边。
3	象征	是……的象征	玫瑰是爱情的象征。
		象征意义	有专家指出，春节的象征意义大于实际意义。
		象征着	绿色象征着生命。
4	充足	阳光充足	我喜欢住南边的房间，因为南边阳光充足。
		准备充足	由于准备充足，这次水灾我们并没有受到太大的损失。
		充足的睡眠时间	正在长身体的孩子每天都应保证充足的睡眠时间。
5	接近	接近一千人	接近一千人参加了本次会议。
		难以接近	如果你了解他，你就会发现他并不是个难以接近的人。
		接近他	我接近他的目的是希望有更多的工作机会。
6	代替	逐渐代替	随着社会的不断发展，网络经济将逐渐代替实体经济。
		代替不了	谁都代替不了妈妈在我心中的位置。
		代替他	张老师病了，今天由我代替他上课。
7	范围	范围广	这次降雪的范围很广。
		扩大范围	这项新技术的应用范围在不断扩大。
		能力范围以外	这事在我能力范围以外。
8	局限	局限于	找工作时，要把眼界放宽，不要只局限于自己的专业。
		局限性	每个人的思想都有局限性，应该多听取别人的意见。
		难免有局限	年轻人生活经验少，看事情难免有局限。

	词　语	搭　配	例　句
9	改进	改进教学方法	为了让学生有更好的学习效果，老师们纷纷改进教学方法。
		进一步改进	我们的工作方式还存在不少问题，有待进一步改进。
		有很大的改进	跟上次比，这次的设计有了很大的改进。
10	度过	在……度过	我们的儿童时代是在幸福中度过的。
		度过一生	他在忙碌中度过了自己的一生。
		度过愉快的一天	周日，我跟家人度过了非常愉快的一天。

选择表中适当的词语搭配填空，然后和同学进行问答。

1. 世界上哪个国家是面积________俄罗斯的第二大国？（次）
2. 在中国红色________什么？在你的国家呢？（象征）
3. 你觉得一天睡多久能保证________？（充足）
4. 什么样的人会让你觉得________？（接近）
5. 你觉得 AI 技术会________教师这个职业吗？（代替）
6. 你会如何拒绝在你________的请求？（范围）
7. 你认为如何才能更好地避免思想上的________？（局限）
8. 你认为我们课本的哪些方面还需要________？（改进）

词语综合练习

将每一组左右两栏的词语进行连线，组成正确的词组，然后选择恰当的词组完成句子。

第一组：

I	II
岛屿	模式
约	充足
种植范围	150 平方米
优越的	中央
金属	很广
思维	地理条件
降水	矿产

1. 他们是跨国恋，在生活中他们发现两个人的＿＿＿＿＿＿＿＿存在着很大的不同。
2. 水稻在中国南方的＿＿＿＿＿＿＿＿。
3. 我看中的那套公寓＿＿＿＿＿＿＿＿，够一家四口住。
4. 那座城市之所以能发展为大型城市是因为具有＿＿＿＿＿＿＿＿。
5. 该地区今年＿＿＿＿＿＿＿＿，应该不会出现旱情。

第二组：

I	II
在本地	接待客人的态度
这座山的	旱季
改进	销售
在民间	海拔
沿着	流传
干燥的	煤炭
违法开采	海岸

1. ＿＿＿＿＿＿＿＿很高，因此从山底爬到山顶能看到四季的景色。
2. 有关部门将坚决打击＿＿＿＿＿＿＿＿的行为。
3. 牛郎织女的传说已经＿＿＿＿＿＿＿＿了数千年了。
4. 这条高铁是＿＿＿＿＿＿＿＿修建的，一路都能看到壮观的海景。
5. 这款产品目前只＿＿＿＿＿＿＿＿，外地消费者可以网购。

近义词辨析

1. 充足、充分

首先，这两个词都是形容词。"充足"表示"数量足够，能满足需要"，常形容物品、资金、光线、空气等具体的东西。而"充分"多用于抽象事物，如"理由不充分""准备工作做得充分"，意思是"足够的"；另外，"充分"还可以表示"尽量，努力达到最高水平"，如"他在今天的比赛中充分发挥了自己的水平"。

First, both words can be used as adjectives. "充足" means the quantity is enough to meet the need, often describing specific things such as goods, funds, light, and air. "充分" is mostly used for abstract things, for example "理由不充分" (not enough reason) and "准备工作做得充分" (sufficiently prepared). In addition,

“充分” can also mean “to try as hard as possible to reach the highest level”, for example “他在今天的比赛中充分发挥了自己的水平” (He gave full play to his skill in the competition today).

请填空：

① 我们要经常去户外呼吸新鲜空气，并进行一些健身运动，最重要的是要保证________的睡眠。

② 你的理由不够________，不能令人信服。

③ 在工作中，领导要________发挥员工的积极性和创造性。

④ 这类食物虽能为身体提供________的蛋白质，但也不能过量食用。

2. 改进、改善

两个词都是动词，都有“改变，使之更好”的意思。两个词的不同在于与之搭配的宾语上。“改进”多用于态度、作风、技术、方法等，而“改善”多用于生活、环境、条件、关系等。

Both words are verbs and can mean “to change and make better”. The difference between the two lies in the objects they are used with. “改进” is mostly used for attitudes, styles, techniques, methods, etc., while “改善” is mostly used for life, environment, conditions, relationships, etc.

请填空：

① 虽然我们的设计还不完善，但我们有信心________它。

② 要取得好成绩，不但要用功，还要________学习方法。

③ 国家投入大量资金，用于________农村中小学的办学条件。

④ 改革开放以后，人们的生活有了极大的________。

语言点

A. 约

课文原句： 南北长约 245 公里，东西宽约 258 公里。（第①段第 1 行）

结　　构： 约 + 数量 / 时间

意　　思：大概，用于估计，是书面语。 approximately (used for estimation) (written language)

例　　句：

① 那幅画高约 10 米，宽约 6 米。

② 乘客们，我们约四个小时后到达北京南站。

③ 约 80 名代表出席了本次会议。

练　　习：用“约”回答下列问题。

① 你的行李箱长、宽、高分别是多少？

② 在你的家乡买一套房子大约需要多少钱？

③ 中国人的人口数量是多少？

B. 复合趋向补语“下来”的引申含义 2

课文原句：五指山是中国名山之一，历史上流传下来了不少关于五指山的神话故事和民间传说。（第②段第 4 行）

结　　构：V + 下来

意　　思：

用在表示流传意义的动词后，表示事物或某些习惯、做法、传统从过去一直流传到现在。还可以表示过去开始的动作持续发生到最后，到说话时已完成。

“下来” is used after a verb with the meaning of “handing down”, indicating that something or a certain habit, practice or tradition has been handed down from the past to the present. It may also mean that an action which started in the past continues to the end and is over by the time of speaking.

例　　句：

① 这是个从古代流传下来的神话故事。

② 几个小时的课讲下来，老师口渴得要命。

③ 我从前年开始学汉语，两年学下来，已经学完三本书了。

注　意：

时间词后可以直接用"下来"，动词可以省略，如上面第三个例句也可以说：

"下来" can be used directly after a time word, and the verb can be omitted. The third example above can also be put this way:

我从前年开始学汉语，两年下来，已经学完三本书了。

练　习： 选词填空。

A 坚持下来	B 传下来	C 考虑下来

① 这种技术是经过几代人_______的，可要好好儿保护啊。

② 这几年，他在工作中多次受到打击，曾想过放弃，但还是_______了。

③ 两家公司都给我提供了职位，但_______，我还是想去那家规模大的。

C. 大致

课文原句： 每年 5 月至 10 月是雨季，降水量大致为全年的 70% ～ 90%。（第③段第 3 行）

结　构： 大致（Adv）+ V + 数量 / 时间 / 程度；大致（Adv）+ V；大致（Adj）+ 的 + N

意　思： 做副词时，意思是大约、大概；做形容词，意思是大体上、基本上。(Adv) about; around; approximately; (Adj) general; rough

例　句：

① 飞机从北京到上海大致需要两个小时。

② 他只是大致说了说自己的想法，没详细说。

③ 关于这件事，我想说说我大致的想法。

练　习： 连词成句。

① 做了　我　大致的记录　会议的内容　对

____

② 大致　他们　成长经历　两个人的　相同

____

③ 比例　做米饭时　为 1∶1.2　大致　米和水的

____

D. 得益于

课文原句： 得益于充足的阳光，海南岛被很多专家认为是发展热带特色农业的黄金宝地。（第④段第 1 行）

结　　构： 得益于 + N；得益于……的 + N/V

意　　思： 从后边的事物上得到好处。to benefit from

例　　句：

① 我能取得今天的成绩全都得益于朋友的帮助。

② 得益于学生数量的稳步增长，中国补习班市场规模也在稳步扩大。

③ 他 80 多岁了还有这么健康的身体完全得益于年轻时的锻炼。

练　　习： 出现下列结果的原因是什么？请用“得益于”说一说。

结　果	用“得益于”说说原因
某城市经济快速发展	
微信成为受众最广的社交软件	
孩子成长为受欢迎的人	

E. 陆续

课文原句： 改革开放以来，海南加快了交通设施的建设，陆续修建了多条公路、多个国际机场。（第⑥段第 1 行）

结　　构： 陆续 + V

意　　思： 表示动作、情况一个接着一个。It means actions or situations happen one after another.

注　　意：

a. “陆续”仅强调事情发生有先有后，可以时断时续，并非连续不断；

“陆续” only emphasizes that things happen in a sequence, which can be intermittent, not necessarily continuous.

b. “陆续”可以重叠，用作“陆陆续续”；

“陆续” can be reduplicated in the form “陆陆续续”.

c.“陆续”后边的动词不可以是心理动词，如“快考试了，同学们陆续着急”是错的；

The verb after “陆续” cannot be a psychological verb, so it is wrong to say “快考试了，同学们陆续着急”.

d. 在口语中，“陆续”可以换成“先后”。

In spoken language, “陆续” can be replaced by “先后”.

例　　句：

① 快上课了，同学们陆续走进教室。

② 最近几年，身边的朋友们都陆陆续续结了婚。

③ 2015 年以来，他陆续出版了好几本书。

练　　习： 用“陆续”完成句子。

① 飞机还有半个小时起飞，乘客们______________。

② 失业以后，他______________，但都失败了。

③ 电影散场了，______________，有的还议论着电影的内容。

F. 均

课文原句： 海南省自 1988 年建省以来，在政治、经济、文化等各个方面均取得了巨大的成就。（第⑦段第 1 行）

结　　构： 均 + V

意　　思： 都，用于书面语。both; all (written language)

例　　句：

① 所有学生均通过了本次考试。

② 这张优惠券线上线下均可使用。

③ 去年，中国成年国民纸质书和电子书阅读量均有上升。

练　　习： 给“均”选择合适的位置。

① A 几名专家 B 对他的论文提出了 C 修改 D 意见。

② A 本期杂志的 B 图片 C 由摄影师王欢 D 提供。

③ 土豆 A 是一种很好处理的 B 食材，C 炒、煮、煎、炸 D 可。

G. 使得

课文原句：海南人民不但勤劳努力，而且思维活跃，这使得海南经济的发展没有局限于传统模式之中。（第⑦段第 2 行）

结　　构：使得 + 主谓短语

意　　思：由此引起某个结果。to lead to a certain result

例　　句：

① 改革开放使得人们的生活水平大大提高。

② 今年的旱灾使得农民的收入大大减少。

③ 他每天熬夜玩儿游戏，使得黑眼圈越来越重。

练　　习：下面的情况会有什么结果？用“使得”说一说。

情　况	结　果
语言不断发展	
全球对汽油的需求降低	
人民币的汇率明显升高	

H. 于……之中

课文原句：海南人民不但勤劳努力，而且思维活跃，这使得海南经济的发展没有局限于传统模式之中。（第⑦段第 2 行）

结　　构：V + 于……之中

意　　思：在一个情况、环境中。in a certain situation or environment

例　　句：

① 他刚转学，性格又内向，很难融于新班级之中。

② 小区里的花都开了，走在小区里好像置身于花海之中。

③ 善良的好朋友总是救我于危难之中。

练　　习：回答问题。

① 什么时候你会觉得自己置身于知识的海洋之中？

② 什么花盛开于风雪之中？

③ 什么事情可能只存在于故事之中？

课文理解

读第一遍课文，回答问题。

1. 海南的象征是什么？
2. 海南岛为什么会出现旱、雨两季？
3. 海南岛的热带水果种植业发达吗？
4. 交通运输是否仍然制约海南经济发展？
5. 海南省进行产业结构调整的方向是什么？

读第二遍课文，选择正确的答案。

1. 关于五指山，不对的是：

A 因形态得名　　B 是海南最高峰

C 不免费开放　　D 在中国有名气

2. 海南岛适合发展热带农业的主要原因是：

A 降水量大　　B 阳光充足

C 土地利用率高　　D 产品便于出口

3. 关于海南交通设施建设，文中未提到：

A 航空　　B 公路

C 铁路　　D 轮船

4. 关于海南省，下面不对的是：

A 1988 年建省　　B 吸引各地游客

C 人民勤劳　　D 缺少矿产资源

■ 读第三遍课文，将文章各段及其主要内容进行连线。

第①段	地形特点
第②段	农业资源
第③段	交通设施
第④段	发展趋势
第⑤段	地理位置
第⑥段	矿产资源
第⑦段	气候特征

表达技巧

摹状貌（Portrait）

通过描写事物的外形或样子对事物的特征进行说明的方法叫摹状貌。对事物状貌的描写可以将该事物生动形象地展示出来，从而令读者印象深刻并激发其阅读兴趣。在摹状貌的过程中，经常使用比喻、拟人等修辞方法，增加说明文字的形象性。课文对海南岛形状、整体环境及岛上五指山的外形的描写都采用了这一方法。

Portrait is a way of introducing something by describing its shape or appearance. The vivid description of something helps impress the readers and stimulate their interest in reading about it. In the process of portraying, rhetorical devices such as analogy and personification are often used to increase the vividness of the text. The text in this lesson uses this method to describe the shape of Hainan Island, its overall environment and the shape of Wuzhi Mountain on the island.

① 海南岛……形状就像一个梨，被蓝色的海洋包围着。

② 海南岛中间高，四周低。山地位于岛中央，平原围绕在四周。

③ 五指山是海南的象征，它因形态像人的五个手指而得名。

■ 上网查一查中国青海省的地形图，运用摹状貌的方法使用所给词语进行描写。

像……一样　兔子　眼睛　湖泊　山地　高原　包围　四周　腿

____

____

____

____

任务活动

本课介绍了中国第二大岛海南岛的地形、气候、农业生产、矿产资源、交通运输等几个方面。你住在中国哪个省份？你了解这个地方吗？

第一步：

请在下列五个方面中选择一个感兴趣的。

A 地形　B 气候　C 农业　D 矿产　E 交通

第二步：

上网查一查你所在省份这个方面的有关信息。

第三步：

综合你查到的信息，用一段话介绍一下。你可能会用到下列词语和语言点。

地理　热带　岛屿　山地　平原　四周　包围　围绕　中央
海拔　海岸　端　约　仅次于　干燥　干旱　降　优越　充足
分明　天然　种植　范围　广　遍布　土地　水稻　矿产　开采
金属　煤炭　销　运输　沿　公路　大致　模式　改进　得益于
陆续　使得

词语拓展

自然与色彩

闪电　闪　雷　彩虹　月光　雾　光线　暗　浪　泡
灾难　爆发　灾害　色彩　粉　紫　灰　纯　青

人生

第七课　不要活在别人的印象中

背景知识

这是不是生活中的你？非常注重自己的发型，每天花大量的时间去打理。当一阵风吹来，吹乱了哪怕只有一根头发时，也会影响你的心情。但其实，周围人并没有关注到这一点，相反，他们会称赞你的发型非常时尚。学完这一课，你将会了解这其中的道理。

热　身

1. 你觉得走在大街上时，周围人会注意到你吗？
2. 生活中你更在意自己的细节还是他人的细节？
3. 如果一滴咖啡洒到白衬衫上，你会怎么处理？
4. 咖啡渍没洗掉前，你遇到了朋友，你会向他解释原因吗？

自学生词

课前查词典自学以下生词，然后猜猜这一课会发生一段什么故事。

词语	拼音	意思
弦		
姑娘		
熟人		
胆小鬼		

词语	拼音	意思
隔壁		
媒体		
眉毛		

课　文

不要活在别人的印象中　07

① 像我这样粗心的人，吃东西的时候很容易漏在衣服上，弄脏了浅颜色的衣服，心情会很糟。而且我会想："旁边的人会不会觉得我很傻，脑子缺根弦儿？哪儿有我这么吃饭的姑娘呢[A]？"

② 最倒霉的是穿白色的上衣，喝咖啡时不小心洒了一些上去，擦不干净的咖啡渍在白色的衣服上尤其明显。如果在熟人面前，还可以解释一下这是不小心弄上去的，来不及回家换，而在陌生人面前又怎么会有解释的机会呢？越是这么想，就越觉得别人能注意到我衣服上的咖啡渍。这时有个英俊的男士朝[B]我走来，我像个胆小鬼一样，急忙绕路躲开，生怕他发现我这个公开的秘密。

③ 其实在忙碌的人群中，我只不过是一个普通得不能再普通的人，况且[C]大家都有自己关心的事，真正注意到我的人很少，能够注意到我衣服上咖啡渍的人更是微乎其微，一切只是我的心理作用。在人与人的互动中，真实的状况是别人只能对你保留一个模糊的印象，很多细节会被自动省略，别人其实没有那么在乎你。

④ 可是在实际生活中，我们总是把自己当成[D]焦点，从而过高地估计别人对我们的关注程度。比如，住在我隔壁的姑娘有一次去一家媒体公司求职，面试前她一直担心自己那天化妆化得太浓了，又担心自己的眉毛没有修好，随后她又把担心扩大到走路的姿势、说话的口气上。这一切导致她根本无法集中精力

回答面试官的问题，最终面试失败了。其实，对面试官来说，她就是一个求职的新人。她所担心的那些细节面试官很少会注意到，就算[E]注意到了，也会很快忘记。面试官主要凭[F]她的回答来决定是否录取她，而其他的都不重要。

⑤ 想要别人观察到你身上那些微小的变化，显然[G]不是一件容易的事，因为别人也同样会把焦点放在他们自己身上。也许当你和同事迎面走过时，你担心他是否发现了你身上的咖啡渍，他心里想的却是自己新配的眼镜是不是很奇怪。而且，对于自己的情绪变化，难道不是只有我们自己才是最敏感的吗？有时候我们以为自己的快乐和烦恼都写在脸上，事实并不是这样。这也是为什么很多女生总抱怨："人家都已经这么不高兴了，男朋友居然[H]还没发现？"然后便会责怪男朋友不体贴，总是应付自己。其实这不是男朋友的错，而是女生的情绪表现得没有像她想象的那么明显。

⑥ 认识到大多数人给予我们的关注总是比我们认为的要少之后，我们便没有必要再天真地认为别人会抓住我们的缺点不放，也不会因一些细节的不完美而影响了整体的表现，而在对待关系亲密的人时应降低自己的期望，别总是索取他们的关注。我们要明白，给予关注应当建立在对方自愿的基础上。适当隐藏自己对关注的需求，可以创造出更加和谐的关系。

（改编自《为什么总害怕自己给别人留下不好的印象》，

《意林》2019年07期，作者陈以二。全文约1160字，大约需要9分钟）

生　词

1	粗心	cūxīn	Adj	careless; sloppy	做事粗心、粗心大意
2	漏	lòu	V	to leak	漏水 / 油 / 气、说漏嘴、漏在衣服上
3	浅	qiǎn	Adj	(of a color) light	浅色、浅蓝
4	糟	zāo	Adj	bad; in a mess	把事情搞糟、乱糟糟
5	傻	shǎ	Adj	stupid	做傻事、装傻、傻干
6	倒霉	dǎo//méi	Adj	unlucky	倒霉的一天、倒霉事
7	洒	sǎ	V	to sprinkle; to spray	洒水、咖啡洒了
8	渍	zì		stain	油 / 污 / 咖啡渍
9	面前	miànqián	N	before; in front of	在孩子 / 困难 / 事实面前、法律面前

10	陌生	mòshēng	Adj	strange; unfamiliar	陌生人、陌生的城市、感到很陌生
11	英俊	yīngjùn	Adj	handsome	长得很英俊、英俊的小伙子
12	朝	cháo	Prep	facing; toward	
13	绕	rào	V	to make a detour; to bypass	绕远路、绕着走、绕行
14	躲	duǒ	V	to hide	躲在里边、躲起来、躲雨
15	生怕	shēngpà	V	for fear of; lest	生怕出错 / 错过车 / 别人看到 / 吵醒家人
16	公开	gōngkāi	Adj/V	open; public; to disclose; to make public	公开场合、公开的秘密、公开发表、公开课、不能公开
17	况且	kuàngqiě	Conj	moreover	
18	微乎其微	wēihūqíwēi	IE	very little	效果 / 影响 / 概率微乎其微
19	真实	zhēnshí	Adj	true; real	真实的情况/故事/感受、真实性、真实地反映
20	保留	bǎoliú	V	to retain; to reserve	保留着原来的样子、毫无保留、有所保留
21	省略	shěnglüè	V	to leave out; to omit	省略号、省略 1000 字
22	焦点	jiāodiǎn	N	focus; central issue	关注 / 议论的焦点
23	过	guò	Adv	excessively; over-	过高 / 长 / 大
24	求职	qiúzhí	V	to seek employment	四处求职、求职者
25	化妆	huà//zhuāng	VO	to put on make-up	给朋友化妆、化妆品
26	浓	nóng	Adj	dense; strong	浓咖啡、化浓妆、味道很浓
27	修	xiū	V	to repair; to trim	修车 / 电脑 / 眉毛、年久失修
28	随后	suíhòu	Adv	shortly afterward	随后就到、随后几年里
29	扩大	kuòdà	V	to enlarge	扩大范围 / 规模 / 影响 / 知识面、日益 / 不断扩大
30	姿势	zīshì	N	posture; pose	舒服 / 优美的姿势、写字 / 看书的姿势
31	口气	kǒuqì	N	tone; note (in one's voice)	说话的口气、听他的口气、严厉的口气
32	集中	jízhōng	V/Adj	to concentrate; focused	集中精力 / 注意力 / 力量、高度集中、精神很集中
33	官	guān	N	government official	当官、大官、面试官
34	就算	jiùsuàn	Conj	even if	
35	凭	píng	Prep	based on; according to	
36	录取	lùqǔ	V	to enroll; to admit	被学校录取、录取名单、录取通知书

37	微小	wēixiǎo	Adj	tiny; little	微小的变化 / 不同 / 进步
38	显然	xiǎnrán	Adj	obvious; evident	
39	迎面	yíng//miàn	Adv	head-on; face to face	迎面走来、迎面而来
40	配	pèi	V	to find sth. to fit sth. else	配钥匙 / 眼镜
41	事实	shìshí	N	fact	事实真相、在事实面前、事实证明
42	人家	rénjia	Pron	I; me (in an intimate or joking tone)	
43	居然	jūrán	Adv	*indicating unexpectedness*	
44	体贴	tǐtiē	V	to show consideration for; to be thoughtful	体贴老婆、体贴入微
45	应付	yìngfu	V	to perfunctorily deal with; to be not serious about	应付事 / 检查 / 考试、随便应付
46	天真	tiānzhēn	Adj	innocent; naive	天真的孩子 / 想法
47	抓	zhuā	V	to grab; to seize	抓住机会、抓小偷
48	对待	duìdài	V	to treat; to deal with	对待他人 / 工作、认真对待
49	亲密	qīnmì	Adj	intimate	亲密的朋友、亲密无间、关系很亲密
50	期望	qīwàng	V	to ardently hope; to expect	对孩子的期望、很大的期望、期望能中奖
51	索取	suǒqǔ	V	to ask for; to demand	向别人索取、索取好处
52	自愿	zìyuàn	V	of one's own accord; to volunteer	自愿参加 / 报名、根据自愿的原则、是他自愿的
53	隐藏	yǐncáng	V	to hide; to conceal	隐藏起来、隐藏很久的秘密

重点词语学习

	词 语	搭 配	例 句
1	面前	在孩子面前	父母应避免在孩子面前吵架。
		在困难面前	在困难面前，他没有被吓倒，而是想尽办法解决问题。
		法律面前	法律面前，人人平等。
2	陌生	陌生人	一个人对待陌生人的态度最能反映出他实际是个什么样的人。
		陌生的城市	很高兴能在这个陌生的城市认识这么多朋友。
		感到很陌生	几年没见，我们再见面时竟然感到有些陌生了。

	词　语	搭　配	例　句
3	公开	公开场合	他从未在公开场合承认自己的恋情。
		公开的秘密	他离婚的事已经是公开的秘密了。
		公开发表	近几年，王教授公开发表了多篇论文。
4	真实	真实的感受	她在文章中详细地书写了留学的真实感受。
		真实性	很多网友都怀疑这件事的真实性。
		真实地反映	这部电视剧真实地反映了中国人的日常生活。
5	保留	保留着原来的样子	这座老城还是保留着几十年前的样子。
		毫无保留	母亲毫无保留地把一切都给了孩子。
		有所保留	比赛中，他们没有用全力，而是有所保留。
6	扩大	扩大规模	这所大学计划明年扩大招生规模。
		扩大影响	我们的产品还需要通过广告扩大影响。
		不断扩大	有了车以后，我的活动范围不断扩大。
7	集中	集中注意力	我在晚上更能集中注意力。
		集中力量	多个部门合作的话，可以集中力量解决难题。
		高度集中	开车时需要精神高度集中。
8	事实	事实真相	为了弄清事实真相，他四处奔走。
		在事实面前	在事实面前，他承认了自己的错误。
		事实证明	事实证明，听父母的建议是不会错的。
9	亲密	亲密的朋友	想要了解一个人，可以看他周围的亲密朋友都是什么样的人。
		亲密无间	即使亲姐妹也很难保持亲密无间的关系。
		关系很亲密	听他们聊天儿可以知道他们的关系一定很亲密。
10	自愿	自愿参加	明天的活动自愿参加，欢迎大家报名。
		根据自愿的原则	捐款活动将根据自愿的原则进行。
		是他自愿的	辞掉现在的工作完全是他自愿的。

选择表中适当的词语搭配填空，然后和同学进行问答。

1. 如果一个________跟你借手机，你会借给他吗？（陌生）
2. 你觉得一个明星在__________应该注意什么？（公开）
3. 你认为新闻能________这个社会吗？（真实）
4. 你认为谈恋爱过程中是否应该对对方______？（保留）

5. 你认为为了提高销量，公司应该如何________？（扩大）
6. 除了开车，还有做什么事情的时候需要注意力________？（集中）
7. 有时，我们看到的并非是真实的，你会如何去寻找________？（事实）
8. 你认为父母与子女之间是否应该保持________的关系？（亲密）

词语综合练习

将每一组左右两栏的词语进行连线，组成正确的词组，然后选择恰当的词组完成句子。

第一组：

I	II
体贴的	眉毛
粗心	应付过去
化妆化得	孩子的天真
保留着	姑娘
修	太浓了
公开	录取名单
期望能	对待

1. 她本身并不丑，但是________________，反而失去了那种自然美。
2. 研究生考试结束半个多月了，据说学校会在下个月________________。
3. 30 岁的她不仅有同龄人的稳重，还________________。
4. 她特别懂得关心家人和朋友，是个________________。
5. 由于时间紧张，这次任务我没大用心，________________。

第二组：

I	II
焦点	真实的自我
随后	面前
去媒体	姿势
隐藏	集中在
亲密的	求职
生怕	逐渐扩大
在事实	遇到熟人

1. 他没告诉别人自己回国了，所以出门都戴着口罩，________________。

2. 毕业后我计划________________，因为我从小就想当一名记者。

3. 社会交往中，不少人都会________________，表现出最好的一面。

4. 拍照时，这对男女摆出了非常________________。

5. 任何借口________________都是站不住脚的。

近义词辨析

1. 保留、保存

两个词都是动词，有时可换用，如“李白的诗保存（留）下来的有九百多首”“这座城市还保留（存）着一些古代建筑”。但是，“保存”着重于“存”，意思是“使继续存在”；而“保留”着重于“留”，意思是“不去掉，不使离开原体”。如：

Both words are verbs and are sometimes used interchangeably, for example, “李白的诗保存（留）下来的有九百多首” (More than 900 of Li Bai’s poems have been passed down) and “这座城市还保留（存）着一些古代建筑” (This city has preserved some ancient buildings). However, “保存” focuses on “存”, which means “to make sth. continue to exist”, while “保留” focuses on “留”, which means “to not remove; to keep sth. where it is”. For example:

① 文章写完了千万别忘了在U盘里保存一份。

② 这段话可以删去，不用保留。

此外，“保留”还有“不公开拿出来”的意思，如“教师毫不保留地把知识都教给了学生”。

In addition, “保留” also means “to not take out publicly”, for example “教师毫不保留地把知识都教给了学生” (The teacher imparted everything he knew to the students without holding anything back).

请填空：

① 妈妈还__________着儿子小时候的照片。

② 关电脑前请务必确认文件是否已经__________。

③ 业务调整后，这个部门将不再__________，你将被并到其他部门。

④ 师傅毫不__________地把做川菜的手艺传授给我。

2. 期望、期待

两个词都是动词。“期望”是指人们对未来事物或人有所希望，一般常在内心中提前勾画出一种标准，达到该标准就是达到了期望值；而“期待”指对未来某个时刻或者事物产生的一种向往，强调等待事情尽快发生的心情。

Both words are verbs. “期望” refers to people’s expectations for the future of somebody or something, usually a standard formed in advance in their mind to be lived up to. “期待” refers to a yearning for a certain moment or event in the future, emphasizing the feeling of wanting something to happen as soon as possible.

请填空：

① 老板对新入职的小李给予了很大的________。

② 一路顺利！________着你早日学成归来！

③ 网购的商品送到了，实物的样子超出了我的________值。

④ 华为最新款手机下个月就要上市了，真的好________！

语言点

A. 哪儿有……呢？

课文原句： 哪儿有我这么吃饭的姑娘呢？（第①段第 3 行）

结　　构： 哪儿有 + NP + 呢？

意　　思： 表示否定，意思是没有这种情况或人。

used to negate there is such a situation or person

例　　句：

① A：真希望不上班就能有钱！

B：哪儿有这种好事呢？

② A：今天我请客。坏了，我没带钱包，也没带手机。

B：哪儿有请客不带钱的呢？

练　　习：用“哪儿有……呢？”完成对话。

① A：要是只上学不用交学费就好了。

B：________________________________？

② A：你知道吗？米雪的手机上竟然没安装微信。

B：________________________________？

③ A：听说那家商店在搞活动，买一送三。

B：________________________________？

B. 朝

课文原句：这时有个英俊的男士朝我走来。（第②段第 4 行）

结　　构：朝 + 方向 / 对象 + V

意　　思：表示动作针对的方向或对象。It shows the direction or target of an action.

注　　意：

如果“朝”后边不是单音节方位词，可以用“朝着”。

If “朝” is not followed by a monosyllabic directional or positional word, it can be replaced by “朝着”.

例　　句：

① 我们学校的校门朝东开。

② 乘客上车后，公交车就朝（着）东边开走了。

③ 我一进屋，大家都朝（着）我笑，让我感到很奇怪。

练　　习：看下面几个句子，试着概括“朝”和“向”之间的异同。

① 你一直向前走，就能看到 ATM 机。（朝 ✓）

② 看到妈妈回来了，孩子立刻跑向她。（朝 ×）

③ 他坐上火车后又向大家招了招手。（朝 ✓）

④ 李白特别乐于助人，我们都得向他学习。（朝 ×）

C. 况且

课文原句： 我只不过是一个普通得不能再普通的人，况且大家都有自己关心的事，真正注意到我的人很少。（第③段第 1 行）

结　构： 况且 + 进一步说明的理由

意　思： 表示更进一层，多用来补充说明理由。

It indicates a further level, mostly used to add reasons.

注　意：

“况且”常与“又、也、还”等词配合使用。

“况且” is often used in conjunction with “又”, “也” or “还”.

例　句：

① 这双鞋很适合你，况且价格又很合适，买了吧。

② 会场离这儿不远，况且周六早上车少，肯定来得及。

③ 那一带人少，况且你又不知道详细地址，还是打听清楚了再去吧。

练　习： 用“况且”完成句子。

① 学习语言本身就不容易，________________，那怎么能学好呢？

② 北京那么大，________________，只待一天怎么够？

③ 他已经道歉了，________________，你就原谅他吧！

D. 把……当成

课文原句： 可是在实际生活中，我们总是把自己当成焦点。（第④段第 1 行）

结　构： 把 + N/V/Pron + 当成 + N

意　思： 认为……是……。to regard... as...

例　句：

① 很多妈妈会把孩子当成自己生活的全部。

② 如果把运动当成习惯，你会活得更健康。

③ 王老师长得太年轻了，我刚才把她当成学生了。

练　　习： 你觉得可以把A组中各项当成B组中的什么？连线后造句。

A	B
读书	最信任的人
宠物	爱好
父母	自己的孩子

E. 就算

课文原句： 她所担心的那些细节面试官很少会注意到，就算注意到了，也会很快忘记。（第④段第6行）

结　　构： 就算……，也……

意　　思： 即使，多用于口语。 even if (mostly used in spoken language)

例　　句：

① 就算这次求职失败，也不要轻易放弃。

② 有些文章就算里边的字我全认识，也读不懂。

③ 就算有机会重来一次，我也会做同样的选择。

练　　习： 用“就算”强调你不会改变下面的决定。

你的决定	用“就算”强调
买最新款手机	
一个月看一本书	
不会把朋友的秘密说出去	

F. 凭

课文原句： 面试官主要凭她的回答来决定是否录取她，而其他的都不重要。（第④段第7行）

结　　构： 凭＋N；凭＋小句（在句中常做状语）

意　　思： 根据，凭借。based on; according to

例　　句：

① 看电影时需要凭票入场。

② 没人相信他凭空编造的假话。

③ 只凭老师教是不够的，你课下还得复习。

注　　意：

如果“凭”后边的名词性短语较长，“凭”后可加“着”。如：

If the noun phrase after “凭” is long, “着” can be added after “凭”. For example:

凭着自己多年的经验，张医生认为患者的病情很严重。

练　　习：用“凭”回答问题。

① 办理登机手续时需要出示什么？

② 他能按时完成任务吗？

③ 地址丢了，你是怎么找到我们公司的？

G. 显然

课文原句：想要别人观察到你身上那些微小的变化，显然不是一件容易的事。（第⑤段第 1 行）

结　　构：显然是 + V/Adj；显然，……

意　　思：非常明显，很容易看出来或感觉到。 very obvious; easy to be seen or felt

例　　句：

① 他考得这么好，显然是认真复习了。

② 小王的意见显然是不对的，我不同意。

③ 他对找工作并不热心，显然，他有别的打算。

注　　意：

虽然“显然”是形容词，但是不能做定语。因此不能说“最近几年这个城市有了显然的变化”，应为“明显的变化”。

Although “显然” is an adjective, it cannot be used as an attribute. Therefore, one cannot say “最近几年这个城市有了显然的变化”; it should be “明显的变化” (obvious change).

练　　习：用“显然”完成句子。

① 她今天的黑眼圈很重，________________。

② 小李在会议上一言不发，________________。

③ 隔壁总是传来吵架声，________________。

H. 居然

课文原句：人家都已经这么不高兴了，男朋友居然还没发现？（第⑤段第 6 行）

结　　构：居然 + VP

意　　思：出乎意料，发生了不可能、不应该发生的事情。

It indicates something that was not supposed to happen happened.

例　　句：

① 医生说她的病没治了，可她居然好了。

② 我俩性格完全不一样，居然成了好朋友。

③ 我告诉了他两遍开会时间，他居然还是忘了。

练　　习：说说下列情况下发生什么事情，可以用“居然”来描述。

情　况	用“居然”描述发生的事情
有一道极难的数学题	
没有为这次比赛做充分的准备	
中学时她的样子很普通	

课文理解

读第一遍课文，回答问题。

1. “我”在意白上衣上的咖啡渍吗？
2. 在实际生活中，在意别人细节的人多吗？
3. 隔壁的姑娘面试失败的原因是什么？

4. 为什么有时男朋友并未发现女生不高兴？

5. 在生活中如何建立与他人的和谐关系？

读第二遍课文，选择正确的答案。

1. 第②段中，“我”绕路躲开的原因是：

A 不想遇到熟人　　B 忘了换新衣服

C 衣服上有污渍　　D 不认识该男士

2. 生活中，我们为什么过分关注自己的细节？

A 高估受关注程度　　B 细节容易被省略

C 难保留模糊印象　　D 他人不在乎自己

3. 根据本文，面试官关注的是：

A 说话的口气　　B 走路的姿势

C 答题的情况　　D 化妆的水平

4. 与他人交往中，正确的态度是：

A 关注自身缺点　　B 忽略整体表现

C 索取别人关注　　D 隐藏关注需求

读第三遍课文，看看下列说法源自文中哪一段。（多个说法可能对应同一段）

（　　）1. 我们所表现出的不开心往往并未被他人所接收到。

（　　）2. 想仅仅通过外在形象取得面试成功是个天真的想法。

（　　）3. 白色上衣上的咖啡渍会让“我”一整天坐立不安。

（　　）4. 小失误并不会影响个人的整体表现。

（　　）5. 最关注个人形象的微小变化及情绪改变的是我们自己。

（　　）6. 人际交往中，大多数人仅关注自身问题，对他人细节并不太在意。

表达技巧

反问（Rhetorical Question）

反问是使用疑问句来表达确定信息，以加强肯定或否定语气的一种修辞方式。在反问句中，肯定疑问句表达否定的含义，否定疑问句表达肯定的含义。常使用特殊疑问词“什么/谁/哪/哪儿/怎么”、语气副词“难道”、否定副词“不/没”来构成反问。课文中有四处使用了反问的修辞方法：

A rhetorical question is an interrogative sentence used to express definite information, which strengthens the affirmative or negative tone. In rhetorical questions, the affirmative form expresses a negative meaning, and the negative form expresses a positive meaning. A rhetorical question often consists of a question word such as "什么 / 谁 / 哪 / 哪儿 / 怎么", the modal adverb "难道", and/or the negative adverb "不" or "没". Four rhetorical questions are used in the text:

① 旁边的人会不会觉得我很傻，脑子缺根弦儿？哪儿有我这么吃饭的姑娘呢？

② 在陌生人面前又怎么会有解释的机会呢？

③ 对于自己的情绪变化，难道不是只有我们自己才是最敏感的吗？

④ 人家都已经这么不高兴了，男朋友居然还没发现？

使用反问的修辞方法来改写以下各句，确保句意不变并加强语气。

1. 大家都知道他被北京大学录取了。（谁）

2. 没有像弟弟那样胆小的人。（哪儿）

3. 这次失败是因为你太粗心了。（难道）

4. 我早上确实提醒过你今天有一个面试。（没有）

任务活动

本课主要讲了在生活中不要活在别人的印象中，因为很多细节问题是他人关注不到的。假如你不太赞同作者的观点，认为与他人交往中应当注意自己的细节，请你完成下面的任务：

第一步：

想想在你的生活中有没有细节决定成败的故事。

第二步：

和同学讨论，找出三个在生活需要注意细节的理由。

■ 第三步：

选择一个理由，结合你们的故事，把自己的观点写出来。你可能会用到以下词语和语言点。

化妆　姿势　口气　求职　面前　录取　期望　应付　糟　漏
粗心　焦点　倒霉　事实　对待　隐藏　凭　朝　显然　居然
况且　就算　哪儿有……呢？

词语拓展

对待他人的方式与态度

劳驾　消灭　利用　转告　分离　对立　攻击　假装
鼓舞　害　处分　分裂　遭　狂　恶　看不起　不要紧

笔　记

节日

第八课　端午节

背景知识

节日，是生活中值得纪念的重要日子，也是世界各地人民为适应生产和生活的需要而共同创造的一种民俗文化。各民族和地区都有自己的节日。一些节日源于传统习俗，如中国的春节、中秋节；有的节日源于对某人或某事件的纪念，如中国的端午节、国庆节。本课，我们将一同了解端午节背后的故事。

热　身

请在课前上网查找“端午节”的以下信息后填表：

英文名	
中文别称	
节日时间	
节日活动	
节日饮食	
纪念人物	

自学生词

课前查词典自学以下生词，然后想一想本课会介绍端午节的哪些方面。

词语	拼音	意思	词语	拼音	意思
粽子			糯米		
军事			枣		
军队			猪肉		
士兵			龙舟		
都城			鸭子		
祖国			艾叶		
粮食			蚊子		
池塘			虫子		
三角形			房屋		

课　文

端午节　08

① 每年春末夏初，人们都盼望着端午节的到来。因为端午节不仅有美味的粽子吃，还能放一个小长假，可以和家人、朋友一起旅行，玩儿个痛快[A]。端午节在农历五月初五，关于端午节的来历，说法很多。人们普遍认为，端午节是纪念伟大诗人屈原的一个传统节日。

② 屈原是战国时期楚国的大官。在政治方面，他提倡把楚国的制度改革得更加公平，让有才能的人一律[B]有机会在政府部门担任重要官职，为楚国的发展贡献力量。在军事方面，他改变了军队中一些不合理的制度。同时他重视训练士兵，努力把楚国的军队建设得更加强大。在外交方面，他主张联合齐国等六个国家以抵抗强大的秦国，为楚国争取一个和平的环境。虽然屈原一心[C]为楚国付出，可是很多人却嫉妒他的才能，他的各项措施也遭到了强烈反对。后来屈原在政治斗争中失败了，他被赶出了都城。公元前 278 年，秦国军队占领了楚国都城。面对这种结果，屈原心里虽然十分痛苦和失望，但他始终[D]不愿抛弃自己的家乡。最后，在五月五日写下生命中最后一首诗后，屈原跳进江中，

用这样的方式来表达对家乡的热爱。两千多年来，人们一直纪念屈原、赞美屈原，他无疑是一位永远值得被怀念的伟大诗人。

③　端午节吃粽子，是中国人的一个传统。为什么端午节这一天要吃粽子呢？传说屈原投江后，老百姓怕屈原被江里的鱼吃掉，就将粮食用叶子裹住，包成粽子，然后投入江中。这样江里的鱼吃了粽子后，就不至于[E]伤害屈原了。包粽子的叶子主要采用生长在池塘边的植物的嫩叶，粽子的形状一般是三角形的。在北方最常见的粽子是糯米红枣粽，南方人常吃猪肉粽。现在人们不只在端午节这一天才能吃上粽子，粽子已经成为了中国人早餐中常见的一种食品。市场上还出现了一些高级粽子，人们买来送给亲戚朋友，作为互相祝贺端午节的礼品。

④　端午节时人们还常常赛龙舟，所以人们也管[F]端午节叫龙舟节。传说这项运动的起源也与屈原有关。人们舍不得[G]屈原投江死去，便纷纷划船赶去救他，之后人们就用划龙舟来纪念屈原。端午节的水上活动还有抢鸭子。活动开始前，准备抢鸭子的人预先[H]跳进河里，当鸭子被扔下去时，人们便迅速向鸭子冲去，抢到的鸭子可以直接带回家。据说抢到鸭子的人一年都会有好运气。

⑤　在门上插艾叶、用艾叶煮鸡蛋也是端午节的一个传统。端午节正值春末夏初，蚊子、虫子逐渐多了起来。端午节这一天，人们在打扫完房屋之后，会在门上插上艾叶。艾叶中独特的香味儿可以起到驱赶蚊虫、预防疾病的作用，为人们带来一个更加健康的夏天。

（全文约 1000 字，大约需要 8 分钟）

生　词

1	痛快	tòngkuài	Adj	to one's heart's content	玩儿得真痛快、痛痛快快吃一顿
2	来历	láilì	N	source; origin	物品的来历、来历不明、关于它的来历
3	说法	shuōfǎ	N	statement; version	这种说法、有一种说法
4	纪念	jìniàn	V/N	to commemorate; souvenir	纪念日 / 品 / 册、纪念他、留作纪念、纪念邮票
5	伟大	wěidà	Adj	great; extremely good and impressive	伟大的祖国、伟大诗人
6	诗人	shīrén	N	poet	著名诗人、唐代诗人

7	制度	zhìdù	N	system; institution	合理的制度、养老制度、建立制度
8	一律	yílǜ	Adv	without exception	
9	担任	dānrèn	V	to hold the post of	担任班长 / 经理
10	官职	guānzhí	N	government post	担任重要官职
11	外交	wàijiāo	N	diplomacy	外交政策 / 场合、外交官
12	主张	zhǔzhāng	V/N	to advocate; opinion; proposal	他主张、一向主张、自作主张、两种主张
13	联合	liánhé	V/Adj	to unite; united; joint	联合起来、强强联合、联合国
14	抵抗	dǐkàng	V	to resist	进行抵抗、抵抗力、抵抗压力
15	争取	zhēngqǔ	V	to strive for; to fight for	争取更好的成绩、争取胜利 / 成功
16	和平	hépíng	N	peace	争取和平、世界和平、和平的时代
17	一心	yìxīn	Adv/ Adj	wholeheartedly; of one mind	
18	嫉妒	jídù	V	to be jealous; to envy	嫉妒他人、招人嫉妒、让人嫉妒
19	措施	cuòshī	N	measure; action	有效 / 具体措施、改革的措施、采取措施
20	遭到	zāodào	V C	to suffer; to meet with	遭到打击 / 破坏 / 批评
21	赶	gǎn	V	to drive away	被赶出家门
22	公元	gōngyuán	N	AD; the Christian era	公元前、公元 2022 年
23	占领	zhànlǐng	V	to capture; to occupy	占领国际市场 / 多个城市
24	始终	shǐzhōng	Adv/N	all the time; whole process from beginning to end	
25	抛弃	pāoqì	V	to abandon; to forsake	抛弃旧思想 / 优越的生活 / 一切、被……抛弃、抛弃他不管
26	诗	shī	N	poem	一首诗、写诗
27	赞美	zànměi	V	to praise	赞美别人、赞美的话
28	怀念	huáiniàn	V	to cherish the memory of; to miss	怀念过去的日子 / 童年的生活、怀念爷爷
29	传说	chuánshuō	V/N	it is said; legend; folk tale	一个传说、古老的传说
30	投	tóu	V	to throw; to pitch	投到河中、投篮 / 币
31	裹	guǒ	V	to wrap; to bind	用布裹着、裹起来
32	至于	zhìyú	V	to go so far as to	
33	嫩	nèn	Adj	tender; delicate	嫩草 / 叶、肉很嫩
34	管	guǎn	Prep	used with " 叫 ", meaning "to call sb./sth. sth."	
35	起源	qǐyuán	V/N	to originate; origin	起源于 1999 年、生命的起源
36	舍不得	shěbude	V	to hate to part with; to begrudge	

37	划	huá	V	to paddle; to row	划船
38	救	jiù	V	to rescue; to save	救人／火、救出五个人、救过来
39	预先	yùxiān	Adv	beforehand; in advance	
40	插	chā	V	to stick in; to insert	插花／水稻、插上、插入
41	值	zhí	V	to come upon (a certain time or occasion)	时值冬季、正值国庆节、值此春节到来之际
42	驱赶	qūgǎn	V	to drive away	遭到驱赶、驱赶蚊虫、驱赶出去
特例词					
1	端午节	Duānwǔ Jié	PN	Dragon Boat Festival	
2	屈原	Qū Yuán	PN	Qu Yuan (c. 340–278 BC), a Chinese poet and politician	
3	战国	Zhànguó	PN	Warring States Period (475–221 BC)	
4	楚国	Chǔguó	PN	the State of Chu	
5	齐国	Qíguó	PN	the State of Qi	
6	秦国	Qínguó	PN	the State of Qin	

重点词语学习

	词语	搭配	例句
1	来历	物品的来历	他能说出博物馆中每件物品的来历。
		来历不明	来历不明的电话，最好不要接听。
		关于它的来历	关于该文物的来历，至今还流传着很多故事。
2	纪念	纪念日	今天是这对夫妻结婚十周年纪念日。
		纪念他	他已经离开我们快 20 年了，为了纪念他，粉丝们专门制作了一段视频。
		留作纪念	快毕业了，大家拍了合照留作纪念。
3	制度	合理的制度	在一家公司里，合理的制度能让员工更有效地工作。
		养老制度	目前的养老制度有待进一步完善。
		建立制度	该医院将建立预约就医制度。
4	主张	他主张	在教育问题上，他主张最大程度地降低学生的学习压力。
		一向主张	我一向主张，做最大的努力，做最坏的打算。
		自作主张	他没跟父母商量，便自作主张出国留学了。

	词语	搭配	例句
5	联合	联合起来	一个人的力量是有限的，大家联合起来就能解决大问题。
		强强联合	这两家公司的合作可以说是强强联合。
		联合国	汉语是联合国六种工作语言之一。
6	争取	争取更好的成绩	考得好也不应该骄傲，还要争取更好的成绩。
		争取胜利	在球场上，我们要用尽一切办法争取胜利。
		争取成功	我们要努力争取成功，但不要期望一定能够成功。
7	措施	有效措施	国家正在采取各种有效措施稳定物价。
		改革的措施	大学扩大招生规模后，为保证教学质量，学校采取了一系列改革的措施。
		采取措施	情况紧急，必须立即采取措施。
8	遭到	遭到打击	这个事件让旅游业遭到了严重打击。
		遭到破坏	地震中，很多古建筑遭到严重破坏。
		遭到批评	遭到批评之后他表现得像个做错事的小学生，一直低着头。
9	抛弃	抛弃旧思想	改革就需要抛弃旧思想，改变传统做法。
		被……抛弃	你如果不放弃这些陈旧的思想，就会被时代抛弃。
		抛弃他不管	即使离了婚，我也还是孩子父亲，不会抛弃他不管。
10	值	时值冬季	时值冬季，天气寒冷，应随时检查车辆状况。
		正值国庆节	我到中国时正值国庆节，路上行人特别多。
		值此春节到来之际	值此春节到来之际，我代表全公司祝大家过年好。

选择表中适当的词语搭配填空，然后和同学进行问答。

1. 收到________的手机短信，你一般怎么处理？（来历）
2. 旅游的时候，你喜欢买点儿什么东西__________？（纪念）
3. 你会不会不跟舍友商量就________在宿舍养宠物？（主张）
4. 现在每个人都在独自作战，怎么才能把大家________呢？（联合）
5. 有的运动员为了在比赛中________而去吃不符合规定的药品，你怎么看这件事？（争取）

6. 我可以采取哪种________来提高汉语水平呢？（措施）

7. 暴风雨是否会让田里的水稻________？（遭到）

8. 他是个有责任心的男人，绝对不会把孩子扔给父母而________。（抛弃）

词语综合练习

将每一组左右两栏的词语进行连线，组成正确的词组，然后选择恰当的词组完成句子。

第一组：

I	II
粽子的	诗人
遭到	诗歌
争取	投入
伟大的	来历
赞美春天的	世界和平
赶走	蚊虫
向池塘中	驱赶

1. 他从小爱好文学，创作了很多________________。

2. 这部影片记录了屈原的故事和________________。

3. 各位游客，游园期间不可______________垃圾等污物。

4. ________________是一项长期的事业，很多人为此做出了巨大的贡献。

5. 很多动物都有领地意识，进入别的动物的领地会________________。

第二组：

I	II
端午节的	一层糯米
联合起来	一定的官职
政治	制度
担任	起源
纪念	提高粮食产量
裹着	去世的士兵
采取措施	抵抗

1. 这种小吃味道很好，它里边是红豆，外边________________。

2. 有关部门应________________，保证粮食供应充足。

3. 这个建筑是为了________________而修建的。

4. 据说她丈夫在教育部门________________。

近义词辨析

1. 制度、规定

“制度”是指国家、单位等集体所制定的总体性的规则；而“规定”做名词时则为具体的某个方面的决定，有关人员必须按此行动。如：

“制度” refers to the general rules formulated by the state, companies, etc.; “规定”, when used as a noun, refers to a specific decision regarding a certain aspect which relevant personnel must act in accordance with. For example:

我们单位有员工管理制度，具体规定有：①工作时间为 8:00 ～ 17:00；②上班时间不得打私人电话。

此外，“规定”还可以用作动词。

In addition, “规定” can also be used as a verb.

请填空：

① 世界上大部分国家实行一夫一妻________。

② 学校________，学生必须在晚上 12 点前回到宿舍。

③ 工人们都盼望着改革不合理的工资________。

④ 请在________的时间提交作业，迟交作业会被减掉一定的分数。

2. 怀念、纪念

“怀念”是主观上的内心活动，可以只是内心想想，不管客观上是否表现出来，强调对留下美好印象但已经过去的时代、去世的亲人等的缅怀和不舍。“纪念”则一般需要用具体事物或实际举动来表示对过去的人或事物的怀念之情，比如“纪念日”“纪念馆”等。

“怀念” is a subjective inner activity, something thought about inwardly, but not necessarily expressed outwardly. It emphasizes the nostalgia for a time that has already passed or a beloved one who has passed away. "纪念" generally needs a specific thing or actual action to express the remembrance of someone or something in the past, for example, "纪念日" (anniversary), "纪念馆" (memorial hall), etc.

请填空：

① 为了________两国建交五十周年，大使馆特举办了本次招待活动。

② 看到这本________册，我立刻就想起自己的大学时光。

③ 我特别________自己在农村度过的童年时光。

④ 他生前帮了很多人，做了很多好事，人们都很________他。

语言点

A. V + 个……

课文原句： 因为端午节不仅有美味的粽子吃，还能放一个小长假，可以和家人、朋友一起旅行，玩儿个痛快。（第①段第 1 行）

结　　构： V + 个 + C

意　　思： 表示动作出现或达到补语的状态或程度。

It indicates that the action comes to or reaches the state or degree of the complement.

例　　句：

① 外面的雨一直下个不停。

② 终于考完了，我今天晚上要玩儿游戏玩儿个痛快。

③ 明天不上班，我可以睡个够了。

练　　习： 用"V + 个 + C"改写句子。

① 晚上就能吃到妈妈做的菜了，我要吃到吃不下为止。

② 真想找个没人的地方大哭一场。

③ 听了他讲的笑话，大家笑得停不下来。

B. 一律

课文原句： 他提倡把楚国的制度改革得更加公平，让有才能的人一律有机会在政府部门担任重要官职。（第②段第 1 行）

结　　构：一律＋V；一律＋Adj

意　　思：没有例外。without exception

例　　句：

① 陌生号码的来电他一律不接。

② 请记住，电话里要你转账的陌生人一律是骗子！

③ 法律面前，一律平等。

注　　意：

“一律”的后面至少要有两个音节。

There must be at least two syllables after “一律”.

练　　习：给“一律”选择合适的位置。

① 本公司 A 所有商品今天 B 打六折，请 C 各位顾客 D 把握好这次机会。

② A 在本店购买的 B 商品，如 C 出现质量问题，D 包退包换。

③ 本周起，A 没有校园卡的 B 人员 C 不得 D 进入学校。

C. 一心

课文原句：虽然屈原一心为楚国付出，可是很多人却嫉妒他的才能。（第②段第 5 行）

结　　构：一心＋V

意　　思：心里只想着一件事，很专心。with only one thing in mind; very concentrated

例　　句：

① 他一心只想着工作，常忘了应该多陪陪家人。

② 父母一心希望孩子能找个好工作。

③ 她最近吃得很少，一心想着减肥。

练　　习：用“一心”回答问题。

① 你怎么能把充电器落在单位呢？

② 你怎么现在就开始回国倒计时了？

③ 那家企业去年发展得还不错，今年怎么关门了？

D. 始终

课文原句： 面对这种结果，屈原心里虽然十分痛苦和失望，但他始终不愿抛弃自己的家乡。（第②段第 8 行）

结　构： 始终 + V

意　思： 从开始到最后，状态持续不变。The state remains unchanged from beginning to end.

例　句：

① 他始终改不了"晚上不睡，早上不起"的坏毛病。

② 王语的丈夫整天说要戒烟，但却始终没做到。

③ 不管失败多少次，他始终没有失去信心。

注　意：

"始终"后面不能带表示时间的词语，例如不能说"我始终等到下午五点"或"他始终等了三个小时"，此时应该用"一直"。

"始终"不能用于将来的事情，因此不能说"这份工作我想始终干下去"。

"始终" cannot be followed by any time words. For example, it is wrong to say "我始终等到下午五点" or "他始终等了三个小时", where "一直" should be used.

"始终" can't be used for the future, so it is wrong to say "这份工作我想始终干下去".

练　习： 父母、老师、舍友对李白都不太满意，请用"始终"说一说原因。

事　件	用"始终"说明原因
父母对李白不满意	
老师对李白不满意	
舍友对李白不满意	

E. 至于

课文原句： 这样江里的鱼吃了粽子后，就不至于伤害屈原了。（第③段第 3 行）

结　　构：不至于……；至于……吗？

意　　思：发展到了某种程度。to have developed to a certain extent

例　　句：

① 我只是迟到了 5 分钟，你至于这么生气吗？

② 现在找工作是很难，但不至于找不到。

③ A：分手后，我把前男友送的礼物都扔了。

B：你至于这么恨他吗？

注　　意：

"至于"可以单独成句，如：

"至于" can form a sentence by itself. For example:

A：为了准备今天的菜，我早上六点就起来了。

B：不至于吧。

练　　习：用"至于"完成句子或对话。

① A：你感冒这么严重，明天别去上班了！

B：我虽然不太舒服，但________________，还是去吧。

③ A：大卫能听懂山东话吗？

B：他在这儿住了十几年了，________________。

③ 他的汉语水平不高，但________________。

F. 管

课文原句：端午节时人们还常常赛龙舟，所以人们也管端午节叫龙舟节。（第④段第 1 行）

结　　构：管……叫……

意　　思：把，"管……叫……"用来称说事物。It is used in the structure "管……叫……" to name things.

例　　句：

① 我老家管土豆叫"洋芋"。

② 因为宿舍里他年龄最大，所以大家都管他叫"老大"。

③ 中国人管自己的丈夫叫"老公"，管自己的妻子叫"老婆"。

练　习：中国人怎么称呼下面这些人？请用"管……叫……"说一说。

人　物	用"管……叫……"说说
妈妈的姐姐	
爸爸的妹妹	
妈妈的姐姐的女儿	

G. 舍不得

课文原句：人们舍不得屈原投江死去，便纷纷划船赶去救他，之后人们就用划龙舟纪念屈原。（第④段第 2 行）

结　构：舍不得（+ N/V）

意　思：不忍心离开；十分爱惜，不忍心抛弃或使用。

can't bear to leave; to cherish so much so that one can't bear to abandon or use

例　句：

① 要离开生活了四年的校园了，真有些舍不得。

② 我不买衣服不是舍不得钱，是不想浪费。

③ 这么精美的杯子，我真是舍不得用。

注　意：

"舍不得"的肯定形式是"舍得"，如：

The affirmative form of "舍不得" is "舍得", for example:

为了能让孩子有一个好的生活环境，花多少钱我都舍得。

练　习：用"舍得"或"舍不得"填空。

① 这块手表颜色都掉了，他却________扔，因为这块表对他有特殊的意义。

② 他一心想换工作，但真到辞职的时候却又________了。

③ 这孩子在学习上________花时间，玩儿游戏却很________花时间。

H. 预先

课文原句： 活动开始前，准备抢鸭子的人预先跳进河里。（第④段第 3 行）

结　　构： 预先 + V

意　　思： 在事情发生之前。before something happens

例　　句：

① 如果上课时间有变动，我会预先告诉大家。

② 这周一起准备考试是我们预先说好的事情。

③ 我的手机卡需要预先在里边存上钱。

练　　习： 说说做下列事情前，你会“预先”做什么。

事　情	预先做什么
去朋友家做客	
去外地旅游	
做菜招待朋友	

课文理解

读第一遍课文，回答问题。

1. 端午节是为了纪念谁？
2. 你认为屈原是一个合格的官吗？
3. 老百姓为什么要往江里扔粽子？
4. 端午节为什么也叫龙舟节？
5. 在门上插艾叶有什么作用？

读第二遍课文，选择正确的答案。

1. 屈原在政治方面的成就是：

A 按照能力选择官员　　B 创造和平环境

C 联合六国抵抗秦国　　D 重视训练士兵

2. 屈原选择跳江的直接原因是：

A 被赶出都城　　B 家乡被占领

C 被别人嫉妒　　D 改革遭反对

3. 关于粽子，下列正确的是：

A 只有端午节能吃到　　B 南方人不爱吃

C 是端午节送礼佳品　　D 形状多种多样

4. 第④段中，“鸭子”象征着：

A 幸运　　B 活泼

C 健康　　D 金钱

■ 读第三遍课文，连线搭配每段的段落大意，并将序号填入本课结构图中。

第①段	端午节的生活习俗
第②段	端午节的特色活动
第③段	如今的端午节
第④段	屈原的故事
第⑤段	端午节的饮食风俗

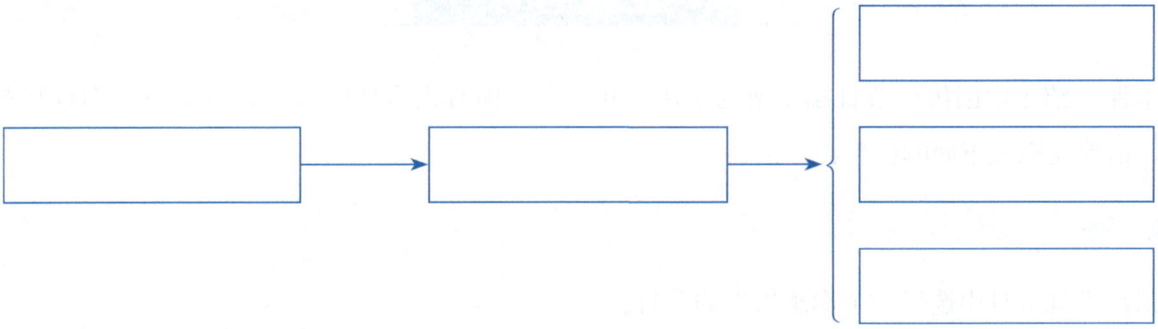

表达技巧

引用说明（Citation）

在说明某个对象时，可以引用文献典籍、科研成果、名人名言、故事传说等作为说明的依据，从而使说明内容更丰富，增加文章的说服力和趣味性。课文分别在第③段和第④段引用了两个传说来说明端午节吃粽子和划龙舟的来源，便是使用了这一说明方法。

When explaining something, we can cite classic books, scientific research papers, celebrity quotes, stories, legends, etc. to base our explanation on, which may enrich the description and make the article more persuasive and compelling. The text in this lesson cites two legends in paragraphs 3 and 4 to explain the origins of eating rice dumplings and dragon boating on the Dragon Boat Festival.

■ 阅读下面一段话，在每个空格填写一个合适的词。

中国是桂花的故乡。桂花在中国分布极广，种植历史极长，国外种植的桂花都是由中国传入的。《中国植物志》第 61 卷介绍桂花时，引用了唐朝郭橐驼《种树书》中的记载，注明桂花原产地是在中国的西南部。桂花是与人们的生活关系密切的一种植物，也出现在很多中国神话传说和民间故事中。屈原的“援北斗兮酌桂浆”让我们了解到楚国早期文献中便已提到桂花的食用价值。桂花还象征着友好和吉祥。据说，战国时期燕、韩两国曾经为了表示友好，相互赠送桂花。在盛产桂花的少数民族地区，青年男女也常以赠送桂花来表达爱慕之情。

1. 文中引用《中国植物志》是为了说明中国是桂花的__________。
2. 文中引用“援北斗兮酌桂浆”是为了说明桂花的__________价值很早就被中国人认识到了。
3. 文中引用战国时燕、韩两国和少数民族青年男女互赠桂花的例子是为了说明在中国文化中桂花__________着友好和吉祥。

任务活动

本课介绍了中国传统节日端午节的来历。其实，中国有很多传统节日，每个节日都有其背后的故事。请据此完成下面的任务：

■ 第一步：

请从下列节日中选择一个你感兴趣的节日。

A 元宵节　　　B 中秋节　　　C 冬至

■ 第二步：

上网查一查所选节日的日期、传统活动、节日饮食、生活习俗等。

■ 第三步：

把你查到的资料和同学们分享一下，你可能会用到下列词语和语言点。

来历　起源　说法　传说　公元　制度　纪念　赞美　怀念
值　管　祖国　预先　一律　始终　至于　舍不得

词语拓展

组织活动

召开　展开　展览　宣布　合法　酒吧　麦克风　出示　行动　实践

登记　情形　工程　轮流　为止　设　模拟　指示　指导　服从

支配　确认　回复　报社　标题　名称　损失　消耗

笔　记

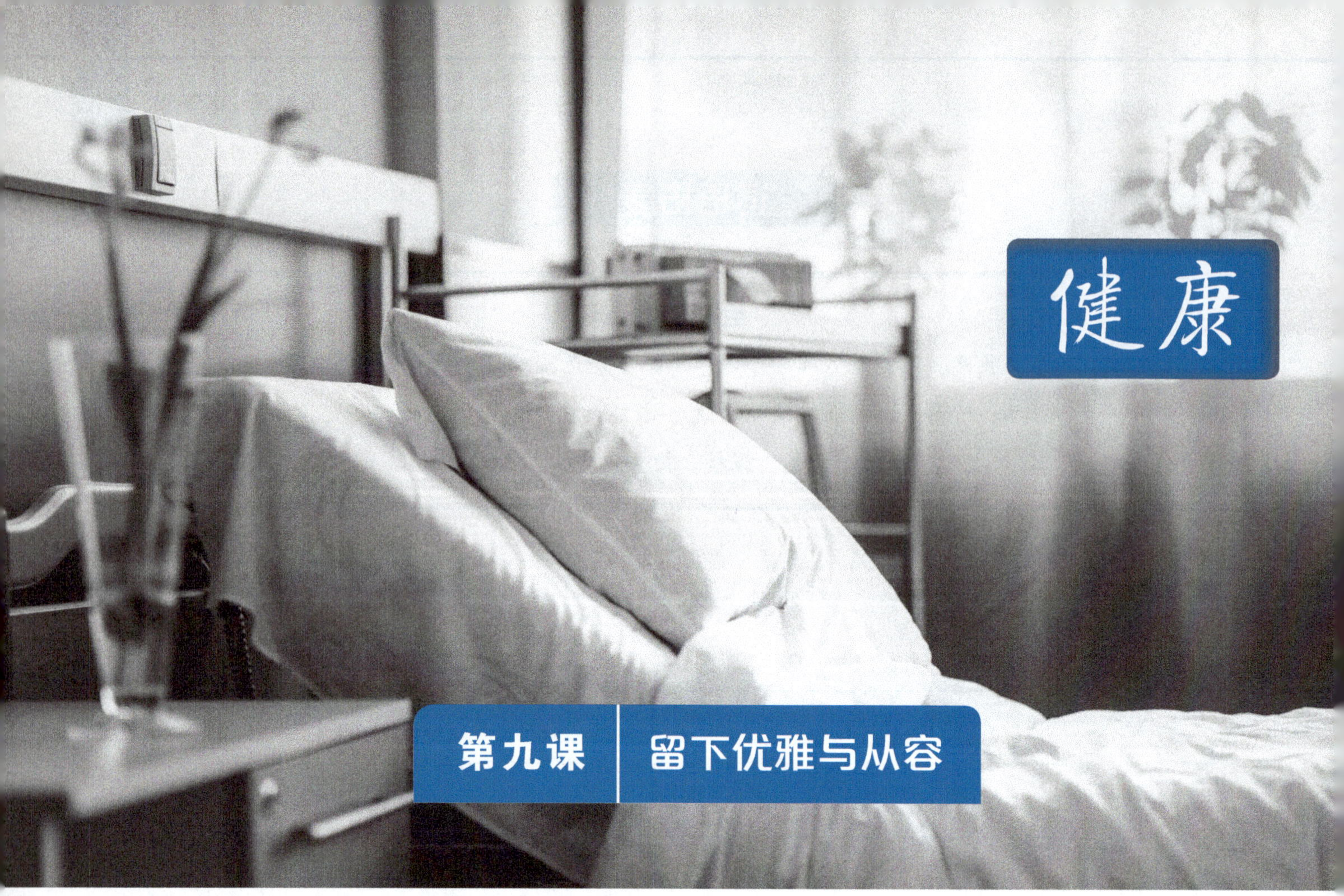

健康

第九课　留下优雅与从容

背景知识

人们常说：健康是1，金钱、名利、地位等都是0；有了1，后边的0才有意义，如果没有了1，后边的0就没有意义了。由此我们可以看出，健康是人生中最重要的一个方面。当然，人生不会永远一帆风顺。偶尔，我们的身体也会亮起红灯，此时，人们都会做出什么样的选择呢？

热　身

1. 你对跨国婚姻的态度是怎样的？
2. 如果选择了跨国婚姻，婚后你会在自己的国家还是对方的国家定居？
3. 如果突然查出身体患有严重的疾病，你会怎么办？
4. 如果确定疾病难以治好，你会放弃治疗而去旅行吗？

自学生词

课前查词典自学以下生词，然后想一想本课的故事可能发生在下面哪个地方。

A 学校　　B 医院　　C 风景区　　D 市场

词语	拼音	意思	词语	拼音	意思
救护车			住院		
肺癌			卧室		
月牙儿			墙		
病情			亲人		
管子			出院		
内科			看望		

课　文

留下优雅与从容　09

① 这个故事发生在十年前。老人家是20世纪50年代留学欧洲的大学生，一段跨国爱情让年轻的她留在了那个东欧小国。丈夫去世后，她搬到法国，80年代又回到北京，能干的她把高档服装生意做得让人羡慕。

② “我这一生过得丰富多彩，没有遗憾。”她向医生这样概括自己的一生。被救护车送至[A]这家医院时，她已经是肺癌晚期。那时的她身体瘦弱，头发花白，脸上也失去了原来的光泽。可是对每一个人她都尽力微笑，她的眼睛笑起来弯弯的，像是夜晚天上的月牙儿。

③ 十年前，这个阶段的肺癌，除了手术没有更好的治疗手段，而手术也只能延长有限的寿命。老人家开始时曾听从医生的治疗方案，但病情并没有明显好转。她自己看书、上网查资料、研究自己的病历，在了解自己的病情之后，她和医生商量，不肯[B]再做手术了。“既然病已不可能治好，何必[C]再让自己痛苦？在身上插满管子，不是我要的生活。人生的故事到了结尾，就更要让它充满色彩。对病情，我要轻视；但对生活，我要重视。”性格温和的她曾严肃地这样说。

④ “她是我碰到过的极个别的几个了不起的病人之一。”医生回忆起当年的病

人，仍[D]有很多感慨，“医生完全可以和她平等、开放地交流病情，谈什么她本人都能接受。”

⑤ 老人家选择这家医院度过她最后的人生，是因为她读了医院内科主任的文章，对主任的思想非常认同。她非常配合医院的工作。“她很注意周围人的感受，一点儿也不过分。”医生回忆说。

⑥ 唯一不同的是她的房间，这也是她住院时唯一的特殊要求——她希望有一个自己的空间，这个空间由她自己安排，让生活有它应该有的模样。

⑦ 她将这间单人病房布置得就像家里的卧室，墙上挂满了亲人的彩色照片，让每一个进入房间的人都称赞不已[E]。老人知道自己剩下的人生已经可以用天来计算，也许再也不能出院了，经过医院的批准，她请人把自己最喜欢的一张沙发和几件小家具从家中移到病房。每个节日老人都会请人在房间摆上相应的装饰品。她还亲手制作一些小礼物，以便[F]送给看望她的朋友，让他们带回去给自己的孩子。每当听到孩子们因为她的礼物而开心快乐时，她的心里便充满了幸福与安慰，她要努力把自己的善良留在人间。

⑧ 放弃手术后，老人仅接受最基本的止痛治疗。她一再[G]叮嘱医生，万一[H]哪一天她真的要走了，不要做任何抢救，不要做任何没有意义的治疗。如果出现痛苦，请帮助她入睡。老人的身体日渐变弱，在疾病和药物的影响下，老人开始出现烦躁不安的情况。她想平静地度过最后的日子，便请求医生对她进行镇静治疗。

⑨ 在生命的最后时间里，老人一直处于昏迷状态。偶尔醒来时，她总会向每一个医生、护士问好，跟他们握握手；有力气的时候，还让护士把她扶起来，安静地看看窗外。十几天后，老人在睡眠中平静地离开了。人们没有过分的悲伤，在周围人心中，留下的是她的优雅与从容。

（选自《意林》2019年第11期，作者王迈，有改动。全文约1140字，大约需要9分钟）

生　词

1	优雅	yōuyǎ	Adj	graceful; elegant	优雅的行为 / 文字
2	从容	cóngróng	Adj	calm; unhurried	从容应付、从容自如
3	年代	niándài	N	age; years; time	九十年代、改革开放的年代、在和平年代

4	跨国	kuàguó	V	transnational	跨国恋情 / 婚姻
5	能干	nénggàn	Adj	capable; competent	能干的年轻人、聪明能干
6	高档	gāodàng	Adj	high-grade; high-end	高档礼品 / 餐厅 / 汽车 / 化妆品
7	遗憾	yíhàn	N/Adj	regret; regretful	有遗憾、一生的遗憾、令人遗憾、遗憾地说
8	概括	gàikuò	V	to summarize	概括内容、高度概括、概括得很全面
9	至	zhì	V	to; until	
10	光泽	guāngzé	N	luster; gloss	富有光泽
11	弯	wān	Adj/V	curved; to bend	弯弯的路、弯腰、弯着身子
12	手术	shǒushù	V/N	to perform an operation; surgical operation	做手术、外科手术、手术室
13	手段	shǒuduàn	N	means	采取手段、有效手段、不择手段
14	延长	yáncháng	V	to lengthen	延长时间 / 假期 / 生命、延长一天、延长到
15	寿命	shòumìng	N	lifetime; lifespan	延长寿命、平均寿命
16	听从	tīngcóng	V	to obey; to follow	听从安排 / 建议 / 指挥 / 劝告
17	方案	fāng'àn	N	scheme; plan	第一种方案、写 / 公布 / 改方案、解决方案
18	肯	kěn	V	to be willing to	
19	治	zhì	V	to treat; to cure	治病救人、治好病
20	何必	hébì	Adv	there is no need to	
21	结尾	jiéwěi	V/N	to end; ending	以数字结尾、文章 / 故事的结尾
22	色彩	sècǎi	N	color	色彩鲜艳
23	轻视	qīngshì	V	to belittle; to look down on	轻视他人、不可轻视
24	温和	wēnhé	Adj	mild; temperate; gentle	气候温和、态度温和、温和的目光
25	严肃	yánsù	Adj	serious; solemn	严肃的表情 / 场合 / 问题、严肃处理 / 批评
26	碰	pèng	V	to meet; to run into	碰见熟人、碰到麻烦 / 难题 / 一件事、碰面
27	个别	gèbié	Adj/Adv	few; isolated; individually	个别人 / 现象、个别辅导
28	了不起	liǎobuqǐ	Adj	amazing; terrific	了不起的人、自以为了不起、没什么了不起
29	仍	réng	Adv	still; yet	
30	感慨	gǎnkǎi	V	to sigh with emotion	感慨万千、令人感慨
31	平等	píngděng	Adj	equal	人人平等、平等竞争 / 对待、一律平等

32	本人	běnrén	Pron	oneself	他本人、请本人来报名
33	主任	zhǔrèn	N	director; head	当主任、办公室主任
34	认同	rèntóng	V	to identify with; to acknowledge	获得认同、无法认同、认同他的观点
35	模样	múyàng	N	appearance; look	孩子的模样、高兴的模样、这副模样
36	单	dān	Adj	single	单人间、单程机票
37	彩色	cǎisè	N	multicolor	彩色照片 / 气球 / 铅笔
38	不已	bùyǐ	V	endlessly; non-stop	
39	计算	jìsuàn	V	to calculate; to compute	计算数量、计算器、计算结果、计算错误
40	批准	pīzhǔn	V	to ratify; to approve	批准方案 / 申请、得到批准、批准休假、经过上级批准
41	相应	xiāngyìng	V	to act in response; to correspond to	相应（地）增加 / 调整、相应的内容 / 措施
42	装饰品	zhuāngshìpǐn	N	ornament; adornment	一件装饰品
43	以便	yǐbiàn	Conj	so that; so as to	
44	善良	shànliáng	Adj	good; virtuous; kind-hearted	善良的人、为人善良
45	人间	rénjiān	N	human world	人间的温暖、人间真情
46	止	zhǐ	V	to stop	止疼 / 血
47	一再	yízài	Adv	time and again	
48	叮嘱	dīngzhǔ	V	to urge again and again	叮嘱大家、叮嘱好几遍
49	万一	wànyī	Conj	just in case	
50	抢救	qiǎngjiù	V	to rescue	抢救病人、抢救成功
51	烦躁	fánzào	Adj	fidgety; agitated	心情烦躁、烦躁不安
52	请求	qǐngqiú	N/V	request; to request	提出请求、批准 / 拒绝他的请求、在大家的请求下、请求帮助
53	镇静	zhènjìng	Adj/V	calm; sedate; to calm down	保持镇静、镇静药、有镇静作用、镇静下来
54	昏迷	hūnmí	V	to be in a coma	昏迷不醒、昏迷三天、处于昏迷中
55	问好	wèn//hǎo	VO	to send one's regards to	向大家问好
56	握手	wò//shǒu	VO	to shake hands	和每个人握手、握住我的手
57	扶	fú	V	to place a hand on sb. or sth. for support	扶着老人、扶着墙走、把老人扶起来
58	悲伤	bēishāng	Adj	sad; sorrowful	悲伤的故事、感到悲伤、悲伤过度

重点词语学习

	词　语	搭　配	例　句
1	遗憾	有遗憾	喜欢的事情要一直做下去，不要让自己有遗憾。
		一生的遗憾	没能见到父亲最后一面，这可能是我一生的遗憾。
		遗憾地说	老板遗憾地说，我们今年只招一个人，已经确定了。
2	概括	概括内容	请大家用 100 个字概括一下这篇文章的主要内容。
		高度概括	诗人用一首诗高度概括了春天的优美景色。
		概括得很全面	米雪已经概括得很全面了，我没有可以补充的。
3	手段	采取手段	他将采取法律手段保护自己的合法权利。
		有效手段	中药是治疗这种疾病的有效手段之一。
		不择手段	我们坚决反对商家不择手段赚钱。
4	方案	第一种方案	我看好第一种方案，它更合理、更可行。
		公布方案	学校已经公布了修改方案，请大家提建议。
		解决方案	针对该问题，有关部门将提出多种解决方案。
5	严肃	严肃的问题	这是个严肃的问题，并不是跟你开玩笑。
		严肃处理	学校将严肃处理考试作弊的行为。
		严肃批评	对小张不负责任的行为，领导进行了严肃的批评。
6	碰	碰见熟人	世界真小，我去饭店吃饭碰见了好几个熟人。
		碰到麻烦	因为语言不通，刚到中国时我碰到了不少麻烦。
		碰面	咱们应该找时间碰一面，商量一下设计方案。
7	认同	获得认同	刚到新单位，应当尽快获得周围同事的认同。
		无法认同	作为新一代年轻人，我对“养儿防老”的观念无法认同。
		认同他的观点	他的观点很有说服力，所以我比较认同。
8	批准	批准方案	领导已经批准了他提出的方案。
		批准休假	老板批准他休假一个月 。
		经过上级批准	经过上级批准，本市将开通两条新公交线路。
9	相应	相应（地）调整	国家政策改变，我们的规定也会相应地有所调整。
		相应的内容	目录改了，文章中相应的内容也得调整。
		相应的措施	针对即将到来的假期，各大公园纷纷推出了相应的措施，吸引游客。

	词　语	搭　配	例　句
10	请求	拒绝他的请求	看到孩子可怜的样子，妈妈难以拒绝他的请求。
		在大家的请求下	在大家的请求下，公司决定午休时间延长一个小时。
		请求帮助	生活中遇到困难，可以打市民热线请求帮助。

选择表中适当的词语搭配填空，然后和同学进行问答。

1. 在中国待了一年却没去过北京，你会________吗？（遗憾）
2. 你能用三个词________一下报告内容吗？（概括）
3. 我们提出的关于宿舍的问题，学校多久会公布________？（方案）
4. 小李因未完成当天的销售任务而遭到了领导的________，对此你怎么看？（严肃）
5. 乘坐飞机、高铁等交通工具时，你是否希望________？（碰）
6. 小张说家庭教育比学校教育重要，你________吗？（认同）
7. 一所大学更换校名是否需要________？（批准）
8. 在中国，如果在路上遇到困难，可以打哪个电话号码________？（请求）

词语综合练习

将每一组左右两栏的词语进行连线，组成正确的词组，然后选择恰当的词组完成句子。

第一组：

I	II
寿命	墙
向他本人	模样
从容的	方案
听从	得到延长
治病	主任的安排
在医院	问好
扶着	碰见熟人

1. 我________________，派我去哪儿我就去哪儿。
2. 麻烦叫患者家人进来听一下________________。

3. 现代医学技术使人们的________________，上海市民的平均寿命已经达到83.66岁。

4. 张教授未能来参会真是个遗憾，麻烦你替我________________。

5. 我的脚受伤了，但朋友们都在上课，我只好自己________________往前走。

第二组：

I	II
抢救	亲人和朋友
卧室的	手段
轻视	装饰品
相应的	昏迷的病人
批准	自己的病情
在结尾	概括一下
叮嘱	他的请求

1. 趁这个假期，我打算去家居市场买点儿________________。

2. 你应该________________你的观点，这样读者读起来更清晰。

3. 每个地区都有独特的情况，可采用________________来解决这一问题。

4. 得病并不可怕，我们要在精神上________________，但在行动上要重视它。

5. 王主任向单位提出辞职，领导们商量后决定________________。

近义词辨析

1. 手段、方法

两个词都是名词。"方法"是指处理事情、解决问题的办法，如"学习方法""工作方法"等，是个较为笼统的概念；"手段"更强调具体的做法，如"罚款是一种手段，而不是目的"。此外，"手段"还指"不正当的方法"，含有贬义，如"为了能达到自己的目的，他使出了各种手段"。

Both words are nouns. "方法" refers to the way to deal with something or solve a problem, such as "学习方法" (learning method), "工作方法" (way of working), etc., which is a more general concept. "手段" refers to a specific means, for example "罚款是一种手段，而不是目的" (Fines are a means, not an end). In addition, "手段" may also refer to a crooked means, which has derogatory connotations, for example "为了能达到自己的目的，他使出了各种手段" (He tried every means possible to achieve his goal).

请填空：

① 现在骗子骗人的__________多着呢，你可千万别上当。

② 个别人为了出名不择________，严重影响了社会风气。

③ 科学的工作________会让你事半功倍，而不科学的只能让你事倍功半。

④ 我仔细看了药品说明书，了解了它适用的病症和服用________。

2. 严肃、严格、严重

"严肃"强调场合、事情、表情不是随意的，是不能开玩笑的；"严格"强调规定、要求、标准、纪律等是认真而不得马虎的；"严重"一般指事情的后果、影响以及疾病等情况影响大且糟糕。

"严肃" emphasizes that the occasion, issue, or expression is serious and cannot be joked about. "严格" emphasizes that the regulation, requirement, standard or discipline is strict and cannot be treated casually. "严重" generally indicates that the consequences or impact, diseases, or other conditions are significantly bad.

请填空：

① 学生入学前，需要进行________的身体检查。

② 如果这个问题你不解决，以后会有________的后果。

③ 那个单位的管理很________，不能迟到早退，上班时间不能打私人电话。

④ 看他一脸________的样子，不像是在开玩笑。

语言点

A. 至

课文原句： 被救护车送至这家医院时，她已经是肺癌晚期。（第②段第 1 行）

结　　构： 至 + 时间 / 地点

意　　思： 到。to; until

例　　句：

① 在中国学习汉语时的美好生活，我至今难忘。

② 这个航班是北京至东京的。

③ 他每天一回家就开始玩儿游戏，直至深夜。

练　　习： 选词填空。

A 自始至终　　　　B 至此结束　　　　C 无微不至

① 期末考试结束了，我的留学生活也________了。

② 这场人们期待已久的球赛________都十分精彩。

③ 住院期间，医生和护士给了我________的关心与照顾。

B. 肯

课文原句： 在了解自己的病情之后，她和医生商量，不肯再做手术了。（第③段第 3 行）

结　　构： 肯（+ V/Adj）

意　　思： 愿意、乐意。to agree to; to be willing to

例　　句：

① 大家都劝他休息一会儿，可他就是不肯。

② 只要你肯下功夫，就一定能考过。

③ 家人都在睡觉，可他就是不肯安静一会儿。

注　　意：

“肯”在回答问题时可以单独使用，不能受程度副词修饰。比如：

When used alone to answer questions, “肯” cannot be modified by degree adverbs, e.g.:

A：他肯帮我们吗？

B：* 很肯。（×）

“肯”的后面不能跟句子。例如：

“肯” cannot be followed by a sentence, e.g.:

* 明天的生日晚会，我不肯他参加。（×）

练　　习： 说说在什么情况下，你才“肯”做下面的事情。

情　况	“肯”做的事情
	把车借给朋友
	把秘密告诉别人
	同意合租人养宠物

C. 何必

课文原句： 既然病已不可能治好，何必再让自己痛苦？（第③段第 4 行）

结　　构： 何必……（呢）？（反问句）

意　　思： 没必要；为什么要做。there is no need; what's the point of

例　　句：

① 你给我发微信就行了，何必自己跑一趟呢？

② 坐高铁很方便，你非要花高价坐飞机，飞机还晚点了，何必呢？

③ 事情已经发生了，何必后悔呢？

练　　习： 用“何必”改写句子。

① 他只不过跟你开个玩笑，你至于这么生气吗？

② 咱们是老朋友了，你千万别这么客气！

③ 只是个平时测试，你不用紧张得一晚上睡不着吧？

D. 仍

课文原句： 医生回忆起当年的病人，仍有很多感慨。（第④段第 1 行）

意　　思： 某种情况持续不变，书面语。A certain situation remains unchanged. (written language)

注　　意：

“仍”常与后面的词语构成双音节，如：

“仍” often forms a disyllable with the word after it, e.g.:

仍在考虑之中（√）　　　　* 仍正在考虑之中（×）

例　　句：

① 深更半夜，他仍在灯下苦读。

② 虽然我在学业上有了点儿成就，但仍需继续努力。

③ 多年不见，她仍像大学时那样活泼、幽默。

练　　习： 用“仍”说一说自己多年未变的地方。

方　面	其中未变的地方
爱好	
性格	
口味	

E. 不已

课文原句： 她将这间单人病房布置得就像家里的卧室，墙上挂满了亲人的彩色照片，让每一个进入房间的人都称赞不已。（第⑦段第 1 行）

结　　构： V/Adj + 不已

意　　思： 持续不停地。continuously; non-stop

注　　意：

“不已”一般与双音节动词或形容词搭配使用。

“不已” is often used with a disyllabic verb or adjective.

例　　句：

① 生日那天，全班同学纷纷给我送上礼物，让我感动不已。

② 他入职三年就当上了经理，令人佩服不已。

③ 男友竟然忘记了她的生日，这让女孩儿伤心不已。

练　　习： 说说出现什么情况会让你有下列感受。

感　受	情　况
羡慕不已	
悲伤不已	
激动不已	

F. 以便

课文原句： 她还亲手制作一些小礼物，以便送给看望她的朋友。（第⑦段第 5 行）

结　　构：……，以便 + 小句

意　　思：使得下文所说的目的容易实现。 to make the purpose following it easy to achieve

例　　句：

① 您把电话号码留一下，以便日后联系。

② 老师会把字写大一点儿，以便让后边的同学看清楚。

③ 我先把会议材料准备好，以便大家开会讨论。

练　　习：用“以便”完成句子。

① 建议你把老师讲的重点都记下来，＿＿＿＿＿＿＿＿＿＿＿＿。

② 入住酒店时一定要看好“安全出口”的位置，＿＿＿＿＿＿＿＿＿＿＿＿。

③ 出国前，他就把中国人常用的 APP 下载好了，＿＿＿＿＿＿＿＿＿＿＿＿。

G. 一再

课文原句：她一再叮嘱医生，万一哪一天她真的要走了，不要做任何抢救，不要做任何没有意义的治疗。（第⑧段第 1 行）

结　　构：一再 + V

意　　思：情况一次又一次地反复出现。The situation recurs again and again.

注　　意：

“一再”一般与双音节动词搭配使用。

“一再” is often used with a disyllabic verb.

例　　句：

① 老师一再提醒学生，上课不能迟到。

② 尽管面试一再失败，他仍相信自己能找到理想的工作。

③ 在大家的一再要求下，他终于同意给大家看他女朋友的照片了。

练　　习：给“一再”选择合适的位置。

① 尽管我 A 强调考好考不好 B 都无所谓，但孩子 C 还是 D 紧张得要命。

② 近几年，A 考研人数 B 上升，C 竞争压力 D 也随之增大。

③ A 航班起飞时间 B 推迟，估计我们今晚 C 要在机场 D 过夜了。

H. 万一

课文原句： 她一再叮嘱医生，万一哪一天她真的要走了，不要做任何抢救，不要做任何没有意义的治疗。（第⑧段第 1 行）

结　　构： 万一 + 小句

意　　思： 如果。强调事情发生的可能性小，多用于不希望发生的事情。

if (It emphasizes the tiny possibility of the occurrence of something, and is mostly used for unwanted events.)

例　　句：

① 我今晚给你发邮件，万一我忘了，你提醒一下我。

② 他的病情已经稳定了，万一晚上有情况，马上叫护士。

③ 在车里放件衣服吧，万一降温还能穿。

注　　意：

“万一”还可以用作名词，如：

“万一” can also be used as a noun, e.g.:

我们带着伞吧，以防万一。

练　　习： 完成句子。

① ____________________，万一飞机提早到，客户还得等我们。

② 家里要准备一些常用药，万一____________________。

③ 明天的活动我尽量参加，万一____________________。

课文理解

读第一遍课文，回答问题。

1. 老人的一生过得怎么样？

2. 为什么医生说老人家很了不起？
3. 老人的病房有什么特殊之处？
4. 老人做手术了吗？她接受抢救吗？
5. 老人与医务人员的关系如何？

读第二遍课文，选择正确的答案。

1. 哪个词可以概括老人的一生？

A 充满遗憾　　B 爱情至上
C 事业有成　　D 丰富多彩

2. 查阅资料后，老人对自己病情的态度是：

A 早日手术　　B 四处求医
C 放弃治疗　　D 中医疗法

3. 老人对医院唯一的要求是：

A 尽快出院　　B 自由装饰病房
C 住双人间　　D 允许朋友看望

4. 烦躁不安时，医院对老人的治疗方式为：

A 镇静　　B 抢救
C 止痛　　D 睡眠

读第三遍课文，将下列事件按时间先后顺序排列。

A 制作礼物
B 查出肺癌
C 积极治疗
D 平静过世
E 回国做生意
F 远嫁欧洲
G 处于昏迷
H 保留基本治疗
I 查找资料
J 装饰病房

事件的先后顺序是：______________________

表达技巧

人物描写（Character Description）

描写是一种用生动形象的语言把人物、景物或事件描绘出来的表达方法，也是文学创作中最常用的表达方法之一。具体到人物描写，可以从外貌、语言、动作、心理等方面来刻画人物形象，使读者如见其人、如闻其声。课文正是从以上四个方面对这位身患肺癌的老人家进行描写的，塑造了一个优雅、从容的老年女性形象。

Description, a way of expression that depicts characters, scenery or events in vivid language, is one of the most commonly used ways of expression in literary writings. As for character description, a character can be portrayed from the aspects of appearance, use of language, movement, psychology, etc., so that readers may feel as if they can see the real person and hear his/her voices. The text in this lesson describes the old lady who suffers from lung cancer from the above four aspects, creating an elegant and composed image of an elderly woman.

外貌描写 / Description of appearance：

那时的她身体瘦弱，头发花白，脸上也失去了原来的光泽。可是对每一个人她都尽力微笑，她的眼睛笑起来弯弯的，像是夜晚天上的月牙儿。

语言描写 / Description of use of language：

“既然病已不可能治好，何必再让自己痛苦？在身上插满管子，不是我要的生活。人生的故事到了结尾，就更要让它充满色彩。对病情，我要轻视；但对生活，我要重视。”性格温和的她曾严肃地这样说。

动作描写 / Description of movement：

偶尔醒来时，她总会向每一个医生、护士问好，跟他们握握手；有力气的时候，还让护士把她扶起来，安静地看看窗外。

心理描写 / Description of psychology：

每当听到孩子们因为她的礼物而开心快乐时，她的心里便充满了幸福与安慰，她要努力把自己的善良留在人间。

■ 请选择一个你的家人、朋友或同学，描写他的样子、喜欢说的话、最常做的动作，以及他对生活或工作的看法。尽量用生动的语言把他的特点写出来。

任务活动

在本课，我们认识了一位很"酷"的老人家。在得知自己的疾病无法治愈后，她选择优雅、从容地走完自己的人生。请完成下面的任务：

第一步：

想想老人家的哪些做法跟大多数人不同。

第二步：

与同学讨论，说说对于老人的选择，你们是否赞成，是否会有同样的做法。

第三步：

如果你们是老人的家人，想劝她积极配合治疗，哪怕有一点儿希望，也不应该放弃。你会怎么对老人说？你可能会用到下列词语和语言点。

病情　住院　主任　手段　治　方案　相应　听从
手术　延长　寿命　人间　遗憾　出院　严肃　烦躁
叮嘱　一再　万一　肯　何必

词语拓展

身体与健康

额头　嗓子　舌头　牙齿　后背　皮　影子　吹　咬　吐　烫　伤　痒　晕
劲儿　消化　着凉　打喷嚏　传染　恶心　急诊　挂号　处方　化验　大便

第十课 买房还是租房，这是一个问题

背景知识

过去中国分配住房，如今房屋成为了一种商品，可以进行租借或买卖，一直以来，住房都是中国人关心的生活问题。近年来，中国房地产业发生了巨大的变化，人们关于住房的思想观念也在改变。现在的年轻人需要面对一个现实的问题：是买房还是租房？学完本课，你可能会有自己的答案。

热　身

你是否同意以下四种说法，请在赞同的观点后打“√”。

1. 买房子是结婚的条件之一。（　　）
2. 买了房子才能更好地工作。（　　）
3. 买房子时应考虑周围学校的教学质量。（　　）
4. 买房子会把一个人限制在某个城市。（　　）

自学生词

课前查词典自学以下生词，然后用这些词语说一说买房时你会考虑哪些因素。

词语	拼音	意思	词语	拼音	意思
基础设施			资产		
农村			房贷		
移民			利息		
财富			户型		

课　文

买房还是租房，这是一个问题 10

① 近几年，房价越涨越高，到底该买房还是租房，成了年轻人谈论的热门话题。对于买房这件事，年轻人又爱又恨。如果刚工作就买房，经济条件确实不允许；可是如果选择先租房住几年，又担心以后会更买不起。从宏观经济角度分析，导致房价上涨的因素主要有两个：一是价值因素，国家在基础设施建设方面大量投资，使人们生活环境明显改善，房价也随之[A]不断上涨；二是供求因素，在城市化过程中，大量农村人口移民到中小城市，中小城市的人口又进入大城市，房子供不应求而使房价上涨。这两个因素现阶段均是无法改变的，所以年轻人如果买房自住，还是越早越好。

② 对中国人来说，房子不只是房子，还包含着“家”的概念。中国人讲究“安居乐业”，意思是有了自己的房子，才能安心地居住、愉快地工作。拥有一套属于自己的房子，不仅可以摆脱租房时常常搬家的麻烦，也不用再和中介、房东打交道，可以节省很多时间和精力。所以买房可以给年轻人带来很大的安全感[B]。而且既然是自己的房子，就可以根据自己的设计来装修和布置，生活的幸福感也可以大大提升。

③ 买房可以使年轻人尽早独立起来。如今的年轻人在父母的疼爱中长大，良好的家庭环境使很多人失去了奋斗的动力，这在某种程度上[C]制约着他们事业的发展。还有一些年轻人宁可选择和父母挤在一个小房子里，也不[D]敢承担买房的压力。然而，人迟早[E]是要独立的，早独立比晚独立要好。年轻人通过自

身的努力贷款买房，经济上的压力会刺激他们努力工作，对其事业的发展十分有利。同时，年轻人也可以尽早离开父母单独生活，他们会体会到奋斗的艰难，也会感激父母的辛苦付出。这样他们就能尽快成熟，也会更加懂得要孝顺父母、少让父母操心的道理。

④　从个人财富管理的角度来分析，买房也比租房更有利于个人财富的增加。交房租等于是在为房东的资产买单。与其每个月将工资收入的一部分用来交房租，还不如[F]用来还房贷。在房贷及利息还清后，房子就是自己的了；而交二三十年房租后，拥有一套房子仍是幻想。可见，就个人财富增加来说，租房与买房的差距是巨大的。

⑤　房子还与下一代的教育相关。如今在大城市，人们对优质教育资源的竞争越来越激烈。买到教学质量好的小学、中学附近的房子，就意味着为孩子取得了入学资格，这也是年轻人不得不[G]考虑的一个方面。

⑥　也许有人说年轻人买了房子，人生就被限制在一个地方了。这样的观点未免[H]有些极端。房子是一种可以转移、流通的资产，如果年轻人将来想离开家乡去外地发展，卖掉房子再去新城市买就可以了。考虑到年轻人的流动性较大，所以购房应以灵活的小户型为主，这样的购房策略也符合年轻人的经济能力。

（全文约 1100 字，大约需要 8.5 分钟）

生　词

1	谈论	tánlùn	V	to discuss; to talk about	高兴地谈论、谈论一个问题
2	热门	rèmén	N	hot; popular; in great demand	热门专业 / 商品 / 工作
3	话题	huàtí	N	topic	谈论一个话题、热门话题
4	恨	hèn	V	to hate	恨一个人
5	宏观	hóngguān	Adj	macroscopic	宏观问题 / 经济
6	角度	jiǎodù	N	point of view; angle	从不同的角度、换个角度、宏观角度
7	分析	fēnxī	V	to analyze	分析问题、分析得很有道理、仔细分析
8	投资	tóu//zī tóuzī	VO/N	to invest; investment	谨慎投资、投资一个项目、一大笔投资、投资者
9	随之	suí zhī	VP	to follow (sth. else)	
10	供求	gōngqiú	N	supply and demand	供求关系 / 矛盾 / 平衡
11	供不应求	gōngbúyìng-qiú	IE	supply falls short of demand	商品供不应求

12	包含	bāohán	V	to contain; to embody	包含着深刻的道理、包含两层意思
13	概念	gàiniàn	N	concept; notion	准确的概念、新概念
14	讲究	jiǎngjiu	V/Adj	to be particular about; exquisite; elegant	讲究方法、布置得很讲究、对吃很讲究
15	安居乐业	ānjū-lèyè	IE	to live and work in peace and contentment	安居乐业的生活
16	安心	ānxīn	Adj	at ease; relieved	安心生活 / 工作 / 休息
17	居住	jūzhù	V	to live; to reside	居住环境 / 条件、居住在北京、长期居住
18	摆脱	bǎituō	V	to shake off; to break away from; to free oneself from	摆脱束缚 / 困境
19	装修	zhuāngxiū	V	to fit up (a house, etc.)	装修房屋、装修得非常漂亮、重新装修
20	疼爱	téng'ài	V	to love dearly	疼爱孩子、对孩子的疼爱
21	制约	zhìyuē	V	to restrict; to confine	制约发展、受制约、在法律的制约下、互相制约
22	宁可	nìngkě	Adv	would rather	
23	迟早	chízǎo	Adv	sooner or later	
24	独立	dúlì	V	(to be) independent; (to be) on one's own	独立生活 / 思考、独立的国家、经济独立
25	自身	zìshēn	N	oneself	自身条件、自身的努力
26	刺激	cìjī	V	to stimulate; to excite	受刺激、刺激消费 / 皮肤、刺激的运动
27	单独	dāndú	Adv	alone; by oneself	单独谈话 / 行动 / 出行
28	体会	tǐhuì	V/N	to know from experience; understanding	体会作者的思想、从中体会、用心体会、很深的体会
29	艰难	jiānnán	Adj	difficult; hard	艰难的日子、生活得很艰难
30	感激	gǎnjī	V	to feel grateful	感激他、感激之情、感激不已
31	成熟	chéngshú	Adj	mature; ripe	成熟的人、变得成熟、不成熟的想法
32	孝顺	xiàoshùn	V	to show filial obedience	孝顺父母、对父母很孝顺、孝顺的孩子
33	操心	cāo//xīn	VO	to worry (about)	为孩子操心、让父母操心、操别人的心
34	等于	děngyú	V	to equal; to amount to	一加一等于二
35	买单	mǎi//dān	VO	to pay a bill	抢着买单
36	与其	yǔqí	Conj	rather than; instead of	
37	清	qīng	Adj	with nothing left	还清

38	幻想	huànxiǎng	V/N	to imagine; illusion	充满幻想、幻想有一天、奇妙的幻想
39	差距	chājù	N	gap; disparity	有差距、巨大的差距、缩小差距、与别人之间的差距
40	相关	xiāngguān	V	to be related; to be relevant	相关部门 / 内容 / 情况、息息相关
41	优质	yōuzhì	Adj	of a high quality	优质商品 / 服务
42	入学	rù//xué	VO	to enter a school	入学手续 / 考试
43	资格	zīgé	N	qualifications	有资格、取消资格、参加比赛的资格
44	不得不	bùdébù		have to; cannot but	
45	未免	wèimiǎn	Adv	a bit too; rather	
46	极端	jíduān	Adj/N	extreme; extremity	极端情况、走极端、两个极端
47	转移	zhuǎnyí	V	to shift; to transfer	转移注意力、转移到安全的地方、转移到孩子身上
48	流通	liútōng	V	to circulate	商品 / 空气流通、流通不畅
49	流动	liúdòng	V	to flow	流动人口、流动得很慢

重点词语学习

	词　语	搭　配	例　句
1	角度	从不同的角度	从不同的角度看，对同一个问题会有不同的判断。
		换个角度	如果换一个角度看，这也许是一件好事。
		宏观角度	这篇文章从宏观角度对本市旅游业的发展进行了分析。
2	分析	分析问题	马小军有较强的分析问题和解决问题的能力。
		分析得很有道理	对于产品的销售前景，王经理分析得很有道理。
		仔细分析	你应该仔细分析一下错误产生的原因。
3	讲究	讲究方法	学习不能光靠花时间，还要讲究方法。
		布置得很讲究	王语和男友的婚礼现场布置得很讲究。
		对吃很讲究	米雪对吃很讲究，知道怎样才能吃得健康。
4	制约	制约发展	交通问题严重制约了当地经济的发展。
		受制约	受自然条件的制约，这里不能种植水稻。
		在法律的制约下	每个人的行动都是在法律的制约下进行的。

	词 语	搭 配	例 句
5	刺激	受刺激	家人的去世让她受了很大的刺激。
		刺激皮肤	这种化妆品对皮肤有一定的刺激。
		刺激的运动	跳水是一项刺激的运动。
6	体会	体会作者的思想	我们可以从文字中体会到作者的思想。
		用心体会	只要用心体会，就能感受到生活的美好。
		很深的体会	经过这件事，他对人生有了很深的体会。
7	操心	为孩子操心	妈妈为孩子的学习操碎了心。
		让父母操心	他已经 30 多岁了，可还是整天让父母操心。
		操别人的心	你先管好自己的事吧，别操别人的心了。
8	差距	有差距	这个城市的经济发展水平跟上海比有很大的差距。
		缩小差距	政府将采取措施缩小收入差距。
		与别人之间的差距	学习态度会逐渐加大你与别人之间的差距。
9	极端	极端情况	你说的只是极端情况，一般情况下，我们的产品是可以正常使用的。
		走极端	他在饮食上总是走极端，要么什么都不吃，要么暴饮暴食。
		两个极端	他们夫妻俩就是两个极端，一个特外向，一个极内向。
10	转移	转移注意力	不要总想着难过的事，做点儿自己喜欢的事，转移一下注意力。
		转移到安全的地方	山火越烧越大，政府已将市民转移到了安全的地方。
		转移到孩子身上	孩子出生后，她将更多的爱转移到了孩子身上。

选择表中适当的词语搭配填空，然后和同学进行问答。

1. 你能不能________一下出国留学的利与弊？（分析）
2. 你觉得咱们班谁________，是个美食家？（讲究）
3. 咱们学校的留学生规模一直不大，你认为是哪方面________？（制约）
4. 我看李白最近一直不开心，是不是因为成绩不好________了？（刺激）
5. 在中国留学期间，你对哪个方面有________？（体会）

6. 你觉得孩子的什么事情最________？（操心）

7. 你觉得不同城市教师之间在收入上________吗？（差距）

8. 心情不好的时候做点儿什么可以________？（转移）

词语综合练习

将每一组左右两栏的词语进行连线，组成正确的词组，然后选择恰当的词组完成句子。

第一组：

I	II
热门	居住
入学	资格
还清	投资
对基础设施建设的	话题
摆脱	讲究程度
单独	房贷
对装修的	制约

1. 为了满足部分学生________________的需求，学校新建了一批单人间宿舍。

2. 等过两年________________，我的经济压力就能得到缓解了。

3. "垃圾分类"是近期的________________，吸引了很多人的关注。

4. 小学报名工作即将开始，请具有________________的孩子的家长关注通知。

5. 从客厅的设计就能看出主人________________。

第二组：

I	II
从不同角度	安居乐业
与农村	供不应求
让流动人口	有差距
体会到	分析
优质产品	利息
包含	资产
转移	生活的艰难

1. 越长大越能________________，也越能明白父母的不易。

2. 一般来说，每个月向银行还的房贷中还________________。

3. 大城市的空气质量________________。

4. 为了________________，政府制定了一系列优惠购房措施。

5. 这个纪录片________________了出国移民的利与弊。

近义词辨析

1. 包含、包括

这两个词都是动词。“包含”的对象一般为道理、情感、意思等较为抽象的事物，如“他的话不多，但包含着深刻的道理”；“包括”的对象则较为具体，强调范围，如“HSK 五级考试包括三个部分”。此外，“包括”还可以与宾语一起用作插入语，如“这次出差的全部费用，包括油费在内，全由公司承担”。

Both words are verbs. The objects of “包含” are generally abstract, such as truth, emotion, and meaning, for example “他的话不多，但包含着深刻的道理” (He didn't say much, but his words made sense). However, the objects of “包括” are more specific, and the emphasis is on the scope, for example “HSK 五级考试包括三个部分” (The HSK level 5 test consists of three parts). In addition, “包括” can also be used as a parenthesis together with its object, for example “这次出差的全部费用，包括油费在内，全由公司承担” (All the expenses of this business trip, including fuel cost, are paid by the company).

请填空：

① 礼物虽小，却________着朋友的一份深情。

② 我们的语言课________精读、口语、听力和读写四门。

③ 全校教师，________已经退休的，每年都可以进行一次体检。

④ 他的每一点进步都________难以想象的努力和付出。

2. 体会、体验

这两个词都可用作动词，此时都有“亲自感受”的意思。但是“体会”多同与思想、情感、精神相关的词搭配使用，如“我能体会你此时此刻的心情”；而“体验”强调通过具体行为来认识、了解，如“参观博物馆是体验中国文化的好方法”。“体会”还可以用作名词，强调把认识上升为理性思考。

Both words can be used as verbs, meaning "to feel it yourself". But "体会" is often used in conjunction with words related to thought, emotion, or spirit, for example "我能体会你此时此刻的心情" (I understand how you feel now); "体验" emphasizes understanding through a specific experience, for example "参观博物馆是体验中国文化的好方法" (Visiting museums is a good way to learn about Chinese culture). In addition, "体会" can also be used as a noun, emphasizing turning knowledge into rational thinking.

请填空：

① 下次课，我会让同学们谈谈自己读书的________。

② 读这首诗的时候，要从字里行间中去________作者的思乡之情。

③ 作家只有深入地________生活，才能找到创作的灵感，写出好作品。

④ 不少用户都提出这个电子书的阅读________不好。

语言点

A. 随之

课文原句： 国家在基础设施建设方面大量投资，使人们生活环境明显改善，房价也随之不断上涨。(第①段第4行)

结　　构： 随之＋V；随之，……

意　　思： 随着之前的事物或事情，发生了新情况。

A new situation has occurred following something else.

例　　句：

① 听着优美的歌曲，我的心情也随之变好了。

② 李白昨晚吃了过期食品，随之而来的便是各种身体不适。

③ 不少污染严重的企业被关停，随之，该市的空气质量得以持续改善。

练　　习： 完成句子。

① 回家后洗个热水澡，一天的疲劳____________。(用"随之")

② 那位明星在公共场合说错了话，随之而来的便是______________。

③ 冷空气逐渐向南方靠近，随之，______________。

B. 感

课文原句： 买房可以给年轻人带来很大的安全感。（第②段第 4 行）

结　　构： Adj/N/V + 感

意　　思： 感觉；感想；情感。feeling; sense

例　　句：

① 如果你们两个互有好感，那就在一起吧！

② 父亲一直教育他要成为一个有责任感的人。

③ 她性格内向，不爱说话，在班里没有什么存在感。

练　　习： 选词填空。

A 科技感　　B 同感　　C 成就感　　D 安全感

① 我找男友的标准并不是他有多少钱，而是要给我足够的________。

② 华为新出的那款手机已经上市了，________十足。

③ “朋友不在多而在精”，对此，我深有________。

C. 在某种程度上

课文原句： 良好的家庭环境使很多人失去了奋斗的动力，这在某种程度上制约着他们事业的发展。（第③段第 1 行）

结　　构：（在）某种程度上；从某种程度上说

意　　思： 在一定的程度上。to some extent

例　　句：

① 钱，在某种程度上，会让你有安全感。

② 幸运，在某程度上说也是一种实力。

③ 从某种程度上说，不让父母操心就是孝顺父母。

练　　习： 说一说什么想法“在一定程度上”能反映当前大部分年轻人在以下各方面的观念。

方　面	想　法
婚恋	
求职	
购物	

D. 宁可……，也不……

课文原句： 一些年轻人宁可选择和父母挤在一个小房子里，也不敢承担买房的压力。（第③段第3行）

意　　思： "宁可A，也不B"表示对A和B都不满意的情况下，为了避免B的发生，选择A。"宁可"还可构成"宁可A，也要B"，表示为了让B实现，甚至可以做A。

"宁可A，也不B" means that when A and B are both unwanted, in order to avoid B, one would choose A. "宁可" can also be used in "宁可A，也要B", meaning that in order to achieve B, one would rather do A, which is something undesirable.

例　　句：

① 宁可自己苦一点儿，妈妈也要给孩子创造好的生活环境。

② 宁可饿一上午，我也要多睡半小时。

③ 我宁可自己打五份工，也不去求人借钱。

注　　意：

"宁可"后面的事情一定是主语的行为，因此下面的句子不对。

What's after "宁可" has to be the subject's action, so the following sentences are wrong.

* 宁可这个东西太贵，我也要买。（×）

* 宁可火车没有坐票，我也不坐飞机。（×）

练　　习： 完成句子。

① 宁可________________，我也不挤公交车。

② 宁可________________，很多年轻人也一定要留在北京。

③ 她宁可________________，也要拥有完美的身材。

E. 迟早

课文原句：人迟早是要独立的，早独立比晚独立要好。（第③段第 4 行）

结　　构：迟早（有一天）+ V

意　　思：一定有一天，口语中可以换成“早晚”。 sooner or later; one of these days (can be replaced by “早晚” in spoken language)

例　　句：

① 他俩整天闹别扭，这样下去，迟早会分手。
② 别担心，工作机会有的是，你迟早能找到一份适合自己的工作。
③ 没有时间休息的人，迟早有一天会后悔的。

练　　习：给“迟早”选择一个合适的位置。

① 你 A 不 B 把开快车的毛病 C 改掉的话，D 得出事。
② 只要你 A 有 B 不放弃的精神，成功 C 会到来 D。
③ A 纸里是 B 包不住火的，你 C 骗人的事 D 会被大家知道。

F. 与其……，不如……

课文原句：与其每个月将工资收入的一部分用来交房租，还不如用来还房贷。（第④段第 2 行）

结　　构：与其……，（还 / 倒）不如……

意　　思：对两种做法进行比较时，认为后者比前者好。
When two practices are compared, the latter is considered better than the former.

例　　句：

① 为了减肥，与其不吃饭，不如多运动。
② 与其抱怨就业难，还不如让自己变得更好。
③ 最近天儿都不错，与其整天待在家里，倒不如出去呼吸呼吸新鲜空气。

注　　意：

“与其”后面不可带名词性成分，因此，“与其城市的环境，不如农村的”不对。

“与其” cannot be followed by a nominal element, so it is incorrect to say “与其城市的环境，不如农村的”.

“与其”可以和“宁可”构成“与其……，宁可……”的结构。如：

“与其” and “宁可” can constitute the collocation “与其……，宁可……”, e.g.:

① 与其随便找个男朋友，我宁可单身。

② 与其花那么多钱修手机，我宁可买个新的。

练 习： 选词填空。

A 与其……，不如…… B 宁可……，也要…… C 宁可……，也不……

① 我觉得________每月花钱租房子住，________买一套属于自己的房子。

② ________放慢经济发展的速度，________把环境保护好。

③ 他不喜欢做饭，所以________每天去吃麦当劳，________自己做饭。

G. 不得不

课文原句： 这也是年轻人不得不考虑的一个方面。（第⑤段第 3 行）

结 构： 不得不 + V

意 思： 在某一客观条件下，没有别的办法，只能这样做。

Under a certain objective condition, there is no other way but to do so.

例 句：

① 王语工作很忙，不得不让母亲来照顾孩子。

② 两支球队 90 分钟内踢成了 0 : 0，于是不得不进行加时赛。

③ 不得不说，作为“90 后”，这名员工能这么吃苦，很难得。

练 习： 说说在下面的情况下，你会“不得不”做什么。

情 况	“不得不”做的事情
你的签证下周就到期了	
你开的小卖部连续一个月没什么生意	
你的爱人去别的城市工作了	

H. 未免

课文原句：这样的观点未免有些极端。（第⑥段第 1 行）

结　　构：未免（+ 太 / 有点儿 / 有些 / 过于）+ Adj/V

意　　思：委婉地进行否定或批评。used to deny or criticize in a tactful way

例　　句：

① 虽然你订的房间价格便宜，但未免也太小了。

② 她已经尽力了，你这么批评她，未免有些过分。

③ 他只是个孩子，你的要求未免过高了。

④ 小王未免也太不会说话了，总是惹朋友生气。

练　　习：用“未免”评价下列情况。

情　况	用“未免”进行评价
三个人一顿饭花了 2000 块	
夫妻没有考虑孩子的感受就离婚	
每天发无数条朋友圈	

课文理解

■ 读第一遍课文，回答问题。

1. 使房价上涨的供求因素是指什么？
2. 对中国人来说，房子有什么意义？
3. 作者认为年轻人应该买房吗？为什么？
4. 租房和买房，哪个更有利于个人财富的增加？
5. 为什么很多人喜欢在教学质量好的学校附近买房？

■ 读第二遍课文，选择正确的答案。

1. 作者认为年轻人应该何时买房？

A 毕业刚工作时　　B 生活环境改善后

C 城市化过程中　　D 买得起时应尽早

2. 根据第②段，下列哪项不是自己买房的好处？

A 可以愉快地工作 B 摆脱搬家烦恼

C 按自己喜好装修 D 和房东打交道

3. 从财富管理角度看，作者对买房的态度是：

A 谨慎 B 支持

C 后悔 D 责备

4. 作者为什么认为“房子限制年轻人”的观点有些极端？

A 房子面积不够大 B 房价日益提高

C 房子是可流通资产 D 可以贷款买房子

■ 读第三遍课文，补全本课课文的写作思路。

在第①段中，针对年轻人是否应该买房，作者提出的观点是：______________________。随后在第②～⑥段中，作者一共列举了五个原因来证明自己的观点的正确性。这五个原因分别是：(1)______________________；(2)______________________；(3)______________________；(4)______________________；(5)______________________。

表达技巧

因果论证（Causal Argumentation）

在议论文中，可以通过分析和揭示原因的方法来论证某个观点，这样的方法叫因果论证。此时，所要论证的观点为结果，作者通过分析向读者展示出此结果背后的原因及逻辑。分析原因的过程就是论证观点的过程。

课文第③段的论点是“买房可以使年轻人尽早独立起来”。为论证这个观点，作者先从反面揭示不买房年轻人很难独立的原因，再从正面分析买房使年轻人独立的两个原因：一是买房的经济压力使年轻人努力工作，在经济上会尽早独立；二是买房使年轻人体会到生活的艰辛，在心理和情感上会尽早独立。就这样，通过分析原因，作者论证了该段的论点。

In argumentative papers, a point can be demonstrated by analyzing and revealing the cause. Such a method is called causal argumentation. The point to be demonstrated is the result, and the author shows the reader the reason and logic behind this result through analysis. The process of analyzing the cause is the process of demonstrating the point.

The argument in paragraph 3 of the text is “Buying a home can help young people become independent earlier.” In order to demonstrate this point of view, the author first explains from the negative side why it is difficult for young people who do not buy a home to be independent, and then analyzes two reasons why buying a home can make young people independent: first, the economic pressure would make young people work harder and become financially independent as soon as possible; second, young people would know more about the hardship of life and become independent as soon as possible, both psychologically and emotionally. By analyzing the reasons, the author demonstrates the argument of this paragraph.

■ 请用所给词语分析“压力也是动力”的原因并论证这个观点，把下面一段话补充完整。

很多人在工作和生活中一遇到压力就会产生悲观和烦躁的情绪。他们总想躲着压力走，在困难面前选择放弃，不能坚持到底，最后也就无法获得成功。其实压力也是动力。压力可以________________（刺激、努力），使我们________________（办法、摆脱、艰难）。在这个过程中，我们会________________（缩小、差距），也可以________________（形成、优势）。所以说，善于利用压力，把它转化为动力，可以使我们不断完善自身，走向成功。

任务活动

在本课中，作者认为年轻人应该尽早买房。对此，你有不同的观点，认为租房比买房更适合当代年轻人。请完成下面的任务：

■ 第一步：

想想租房有哪些好处，分别用一句话概括。

■ 第二步：

与同学讨论，然后选择三个最重要的原因，并考虑可以用何种方式来论证自己的观点。

■ 第三步：

仿照本课课文结构，把你的观点写出来，你可能会用到以下词语和语言点。

热门	话题	角度	分析	投资	财富	资产	房贷
居住	户型	摆脱	装修	自身	单独	独立	体会
供求	差距	包含	讲究	安心	制约	相关	转移
流动	未免	与其	迟早	宁可	随之		

词语拓展

能源与材料

原料　钢铁　塑料　木头　泥　土　沙　混合　粒　颗　飘　浮　电源　核　能量　爆炸

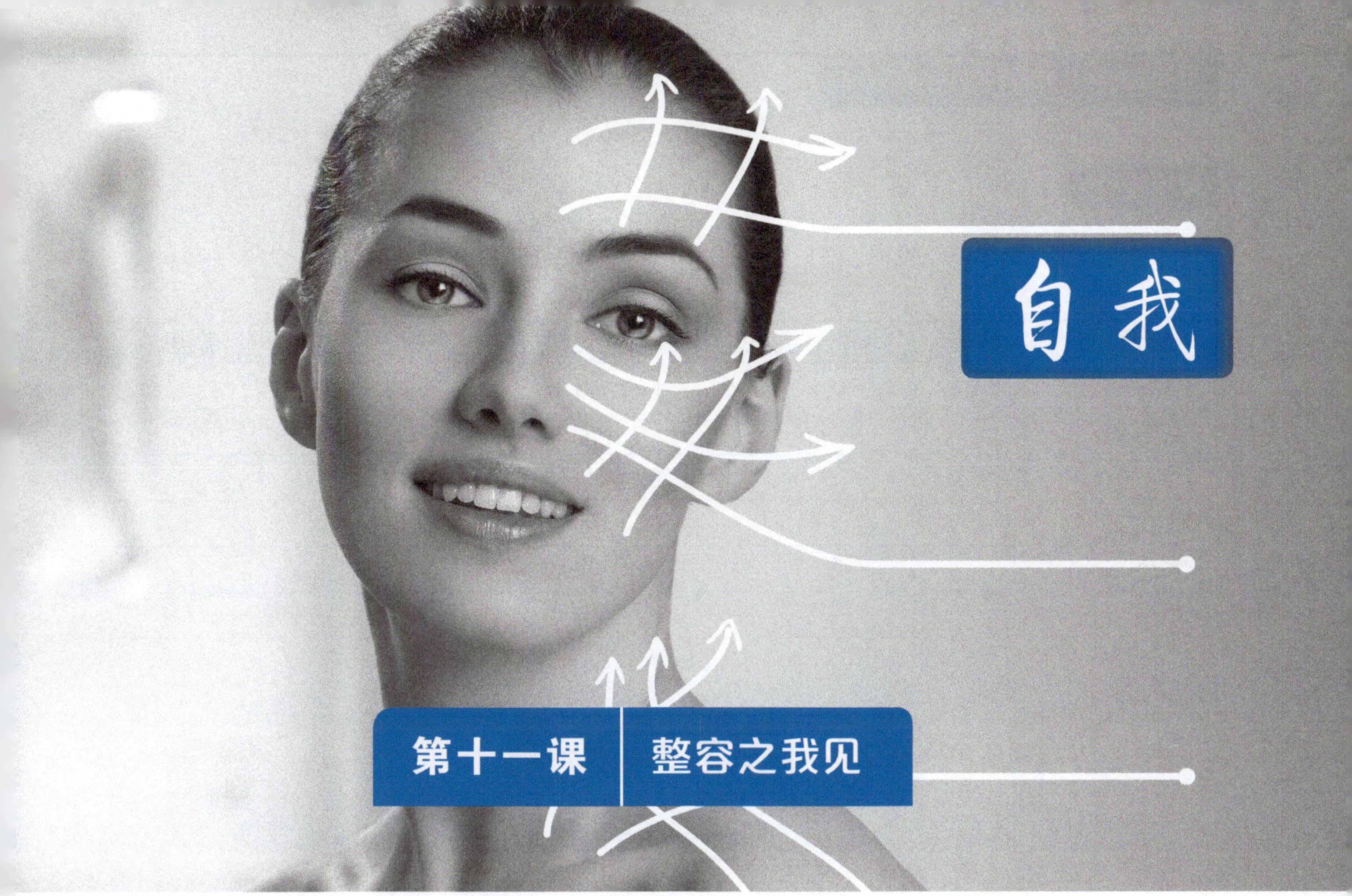

自我

第十一课 整容之我见

背景知识

外在美，是指一个人的外观形象，是一个人外貌、身材、穿着集中体现出来的样子；而内在美是指一个人内心的精神面貌，它由人的学识、性格、思想等比较复杂的因素体现出来。那么，究竟是内在美更重要，还是外在美更重要呢？对这个问题，你有什么想法？

热　身

1. 你会做整容手术吗？
2. 如果恋爱对象告诉你，他 / 她整过容，你有何感想？
3. 据你的观察，最常见的整容手术是哪一种？
4. 你认为整容手术会有什么不好的结果？

自学生词

课前查词典自学以下生词，然后说一说本课课文可能讲的是什么故事。

词语	拼音	意思	词语	拼音	意思
模特			胸部		
美容院			化学		
门诊			人体		
眼皮			部位		
嘴唇			基因		
骨头			脚步		

课　文

整容之我见 11

① 近日，一条新闻引起了人们的广泛关注，一位女模特在进行整容手术时，突然发生意外，被紧急送往其他医院抢救。幸亏[A]送得及时，女模特不久就脱离了生命危险。这则新闻使整容又一次成为社会热点话题。

② 二十一世纪以来，人们日益重视自己的形象。不光女性，很多男士也加入了爱美的队伍。除了通过健身让自己更苗条，或去美容院让自己的皮肤更光滑以外，整容已经成为了一个普遍现象。无数整容医院在大中小城市纷纷开业，医院的门诊每天都挤满了前来咨询的人。除了咨询割双眼皮、整牙等传统项目外，他们还关心很多高难度的手术，如改变嘴唇的形状、去掉一部分面部骨头让脸更尖、往胸部塞化学物品让它看起来更丰满等。

③ 爱美之心，人皆[B]有之。赶时髦、让自己变得更好看的想法虽可理解，但有的人不顾危险，通过过度整容的方式让自己更“完美”，甚至干脆[C]把脸上的眉毛、眼睛、鼻子、嘴唇整了个遍的做法，是非常不可取的。不可否认[D]，手术后人们会变得更符合现代人“好看”的标准，但是，美丽的背后却要承受巨大的压力和痛苦。

④ 整容手术后，病人不仅要忍受剧烈的疼痛，也要面对手术失败的风险。一旦手术失败，虽然可以通过各种途径获得赔偿，但是对人体的伤害已经造成，

后果是难以挽回的。此外[E]，一系列的副作用也会在若干年后找上门来，整过的鼻子可能会变歪，其余部位也会出现各种毛病，也许只有到了那个时候，才能意识到做整容手术是多么的不值。更有一部分比较传统的人不能接受自己的另一半是“人工”的，在选择恋人时他们明确提出对方不能整过容，或者在知道对方整过容后提出分手。他们认为外貌是每个人的独特之处[F]，是父母给我们的礼物。礼物不能随便处理或扔掉，人的样子也不可被人为改变。而且，人的基因也是无法改变的。“种瓜得瓜，种豆得豆”，整了容，自己生的孩子完全不像自己，这是一件非常讽刺的事。

⑤　虽然做整容手术需要付出很多代价，但这仍然阻止不了人们追求美的脚步，很多人并没有从别人失败的故事中吸取教训。就像本文开始提到的那个模特，她的家人在接受记者采访时这样说道：“没有人说她丑，可她疯狂整容，谁也拦不住，总是趁家人不注意偷偷[G]跑到医院，家人不知跟她吵过多少次都没有用，现在实在拿她没办法了。希望这次的事能让她知道，爱美很重要，但爱惜自己更重要。”

⑥　是的，在这个世界上，我们每个人都是独一无二的存在，每个人都可以活出自己的精彩，整容并非生活的必需品。除非一个人的外表已经严重影响到自己的正常生活，才[H]需要用医学手段来解决，否则保持最初的自己、做独特的自己，也是人生中的一大幸福。

（全文约 1050 字，大约需要 8 分钟）

生　词

1	整容	zhěng//róng	VO	to get cosmetic surgery	整容手术 / 医院
2	幸亏	xìngkuī	Adv	fortunately	
3	脱离	tuōlí	V	to separate (oneself) from; to get rid of	脱离危险 / 现实
4	热点	rèdiǎn	N	hot topic	热点话题、研究的热点
5	形象	xíngxiàng	N	image; impression	在我心中的形象、形象生动、企业的形象
6	苗条	miáotiao	Adj	slender; slim	身材苗条
7	光滑	guānghuá	Adj	smooth; glossy	光滑的路面 / 皮肤
8	开业	kāi//yè	VO	(of a shop, etc.) to start business	庆祝开业、开业大吉
9	割	gē	V	to cut	割草 / 双眼皮、割下去、切割

10	整	zhěng	V	to put in order; to rectify	整牙、整修
11	尖	jiān	Adj	pointed; sharp	尖下巴
12	塞	sāi	V	to plug; to fill in	塞满、塞进去、往嘴里塞
13	物品	wùpǐn	N	article; goods	个人/危险/必需物品、物品的价格
14	丰满	fēngmǎn	Adj	plump; full	长得很丰满、丰满的羽毛、梦想很丰满
15	皆	jiē	Adv	all; each and every	
16	时髦	shímáo	Adj	fashionable; stylish	赶/追时髦、时髦的年轻人、穿得很时髦
17	顾	gù	V	to attend to; to take into consideration	只顾、不顾、兼顾、顾不过来
18	干脆	gāncuì	Adv	simply; outright	
19	可取	kěqǔ	Adj	desirable; recommendable	方法不可取
20	否认	fǒurèn	V	to deny; to repudiate	否认事实、否认自己做过、不可否认
21	剧烈	jùliè	Adj	violent; acute; intense	剧烈的疼痛/震动/运动
22	途径	tújìng	N	way; channel	有效/唯一/最佳途径、法律途径、一条途径
23	赔偿	péicháng	V	to compensate; to make good a loss	照价赔偿、赔偿损失、赔偿费/金
24	后果	hòuguǒ	N	consequence; aftermath	不良/严重的后果、造成/考虑后果
25	挽回	wǎnhuí	V	to retrieve; to redeem	挽回感情/后果/损失、不可挽回
26	此外	cǐwài	Conj	besides; in addition	
27	一系列	yíxìliè	Adj	a series of	一系列（的）活动/规定/措施/问题
28	副	fù		auxiliary; subsidiary	副业
29	作用	zuòyòng	N	effect; impact	起作用、副作用
30	歪	wāi	Adj	askew; crooked; slanting	写歪了、歪着头
31	其余	qíyú	Pron	the others; the rest	其余的人、其余部分
32	毛病	máobìng	N	trouble; mishap	坏毛病、出毛病、改正毛病
33	值	zhí	Adj	worthwhile; worth	觉得很值、感到不值、不值一提
34	人工	réngōng	Adj/N	man-made; artificial; manual work	人工智能/客服、人工制造、人工费
35	恋人	liànrén	N	lover; sweetheart	一对恋人
36	分手	fēn//shǒu	VO	to break up; to end a relationship	和他分手、选择分手
37	外貌	wàimào	N	looks; appearance	外貌特征

38	之处	zhī chù	NP	point; part	
39	人为	rénwéi	Adj	man-made; human-caused	人为的困难、人为造成的
40	讽刺	fěngcì	V	to ridicule; to satirize	讽刺别人、有讽刺的意味
41	代价	dàijià	N	cost; price	付出代价、昂贵 / 沉重的代价、不惜一切代价
42	阻止	zǔzhǐ	V	to prevent; to stop	阻止他、阻止事情发生、阻止不了
43	吸取	xīqǔ	V	to absorb; to assimilate	吸取经验 / 营养 / 水分
44	教训	jiàoxùn	N	lesson; moral; (unpleasant) experience to learn from	吸取 / 总结教训、极大 / 深刻的教训
45	丑	chǒu	Adj	ugly	长得很丑、样子很丑
46	疯狂	fēngkuáng	Adj	crazy	疯狂的行为 / 决定、变得很疯狂
47	拦	lán	V	to block; to hold (sb./sth.) back	拦车、拦不住、拦下
48	偷偷	tōutōu	Adv	stealthily; secretly	
49	吵	chǎo	V	to quarrel	吵嘴、跟他吵起来、大吵一架
50	爱惜	àixī	V	to value highly and use prudently	爱惜身体 / 粮食
51	独一无二	dúyī-wú'èr	IE	unique; one of a kind	独一无二的礼物
52	除非	chúfēi	Conj	only if; only when	
53	最初	zuìchū	N	initial; first	最初几天、最初的理想 / 设计

重点词语学习

	词语	搭配	例句
1	形象	在我心中的形象	他的表演完全改变了他在我心中的形象。
		形象生动	她画的马形象生动，和真的一样。
		企业的形象	这次的事件已经严重影响到了公司的企业形象。
2	顾	不顾	他不顾父母的反对，辞掉工作自己做生意了。
		兼顾	这件防晒衣样式和功能兼顾，是个不错的选择。
		顾不过来	店里只有她一个服务员，顾客多的时候，她根本顾不过来。
3	途径	有效途径	销售，就是把产品通过各种有效途径推销给客户，完成买卖的过程。
		法律途径	法律面前人人平等，每个人都应通过法律途径维护自己的合法权利。
		一条途径	幸福没有标准答案，快乐也不止一条途径。

	词 语	搭 配	例 句
4	赔偿	照价赔偿	把图书馆的书弄丢了需要照价赔偿。
		赔偿损失	保险公司会赔偿你这次事故的损失。
		赔偿费	由于他工作失误，公司将付出巨额赔偿费。
5	挽回	挽回感情	女朋友想分手，但小伙子还想努力挽回感情。
		挽回损失	火灾造成的损失是难以挽回的。
		不可挽回	世上有的事物可以挽回，有的不可挽回，时间就是不可挽回的。
6	值	觉得很值	正好赶上商场搞活动，五百块买了三件衣服，我觉得很值。
		感到不值	做了那么多却被老板误会，真为你的付出感到不值。
		不值一提	和科学家的成就相比，我这点儿成就不值一提。
7	代价	付出代价	所有的选择都要付出代价，没有什么选择是十全十美的。
		沉重的代价	他为自己的错误付出了沉重的代价。
		不惜一切代价	为了梦想，我会不惜一切代价坚持下去。
8	阻止	阻止他	他一心想成为电影导演，没有人能阻止他。
		阻止事情发生	如果我们不能阻止事情发生，那就选择接受它。
		阻止不了	即使出现再大的困难，也阻止不了我们取得成功。
9	教训	吸取教训	只有在失败中不断吸取经验与教训，才能做得更好。
		极大的教训	这次经历给了我极大的教训，使我明白了任何成功都不是随便得来的。
		深刻的教训	我们一定要记住这次深刻的教训，不再犯同样的错误。
10	拦	拦车	那个阿姨很热情，帮我在路边拦出租车。
		拦不住	只要他决定做的事情，谁也拦不住。
		拦下	他因为骑电动车没戴头盔被警察拦下了。

选择表中适当的词语搭配填空，然后和同学进行问答。

1. 你觉得公司应该建立何种________？（形象）
2. 你觉得事业和家庭可以________吗？为什么？（顾）
3. 对你来说，缓解压力的________是什么？（途径）
4. 我炒股赔了很多钱，怎么做才能够________？（挽回）

5. 家里的宝宝总喜欢吃手，有什么办法可以________？（阻止）

6. 你会________坚持自己的梦想吗？（代价）

7. 你认为人们应该怎么从历史中________？（教训）

8. 你是那种一旦决定去做一件事，别人都________的人吗？（拦）

词语综合练习

将每一组左右两栏的词语进行连线，组成正确的词组，然后选择恰当的词组完成句子。

第一组：

I	II
刚开业的	后果
化学	教训
不可挽回的	物品
穿着时髦的	美容院
一系列	途径
吸取	模特

1. 做事情之前一定要充分考虑、仔细计划，否则有可能造成________________。

2. 乘客携带________________是不能乘坐公共交通工具的。

3. 看，舞台上有几个________________，今天有几个品牌在搞宣传活动。

4. 我们不但要从成功中总结经验，还要从失败中________________。

5. 学校还将提供________________帮助毕业生就业。

第二组：

I	II
割	副作用
阻止自己	疯狂购物
分手的	整歪了
整容的	代价
不顾自己的	双眼皮
把嘴唇	形象

1. 那位女明星为了让观众开怀大笑，经常________________，甚至还故意扮丑。

2. ________________之一便是笑起来不够自然。

3. “双十一”又要到了，我今年一定要________________，少花点儿钱。

4. 如果他能改掉坏毛病，我还会跟他继续交往，毕竟________________太大了。

5. 整容已不再是女生独有的事情了，很多男生也会去________________，让眼睛看起来大一些。

近义词辨析

1. 脱离、摆脱

两个词都是动词，都表示“离开某种环境或情况”。但是“脱离”多用于客观陈述，且可以表示积极、消极两种意义，如“脱离苦海”“脱离实际”；而“摆脱”的宾语多为“束缚”“困难”等不利的情况，如“摆脱传统思想的束缚”“摆脱困境”等。

Both words are verbs, meaning “to leave a certain environment or situation”. However, “脱离” is mostly used for objective statements, and the meaning can be positive or negative, such as “脱离苦海” (to break out of a miserable life) and “脱离实际” (to be divorced from reality); “摆脱” is mostly used for restraint, difficulty and other unfavorable situations, for example, “摆脱传统思想的束缚” (to shake off the shackles of traditional thought), “摆脱困境” (to get out of trouble) and so on.

请填空：

① 经过医生的治疗，病人终于________危险了。

② 老师通过改进教学方法，使我们________了沉重的作业负担。

③ 米雪认为睡眠是________烦恼的最佳途径。

④ 在我看来，你的想法有些________实际，不太可行。

2. 后果、结果、成果、效果

“后果”是贬义词，只能用于不好的方面；“结果”，好的、不好的方面均可使用；“成果”是褒义词，常用于学习、工作等领域；“效果”多为经过努力或因某种因素起作用而产生的变化，也可以是一个未知的期待的结果。

“后果” is a derogatory term and can only be used for bad things. “结果” can be used for both good and bad things. “成果” is a commendatory term, often used for learning, work, etc. “效果” usually refers to a change caused by hard work or the performance of a certain factor, or an unknown, expected result.

请填空：

① 中国许多科学研究________已经接近或达到世界先进水平。

② 李白选择服用中药治疗胃痛，收到了很好的________。

③ 参赛选手正在非常着急地等待着评委公布比赛________。

④ 同学之间产生矛盾，如果处理不当，会造成不良的________。

语言点

A. 幸亏

课文原句： 幸亏送得及时，女模特不久就脱离了生命危险。（第①段第 2 行）

结　　构： 幸亏……，才……；幸亏……，否则 / 不然……

意　　思： 因为某种有利条件而幸运地避免了不利情况。

Something unfortunate has been avoided because of a certain favorable condition.

例　　句：

① 幸亏我带伞了，才没被淋到。

② 幸亏你提醒我，不然我就忘了。

③ 当时情况十分紧急，幸亏你们及时赶到。

练　　习： 用“幸亏”改写句子。

① 正是因为你及时发现，才没发生火灾。

____

② 本次事故中，乘客都系了安全带，受伤不太严重。

____

③ 那个股票我买得不多，损失不太严重。

____

B. 皆

课文原句： 爱美之心，人皆有之。（第③段第 1 行）

结　　构： 皆 + 个别单音节词；也常用于四字短语中

意　　思：都，都是，书面语。all (written language)

例　　句：

① 希望你所有的愿望皆能成真。

② 任何事皆以平常心看待，就会活得很轻松。

③ 那家川菜馆远近闻名，尽人皆知。

注　　意：

“尽人皆知”“老少皆知”“远近皆知”“路人皆知”“众人皆知” 均有 “每个人都知道” 的意思。

“尽人皆知”, “老少皆知”, “远近皆知”, “路人皆知”, and “众人皆知” all have the meaning of “everyone knows”.

练　　习：选词填空。

A 人皆有之	B 比比皆是	C 全盘皆输

① 植物园里叫不上名字的花________。

② 人生就像下棋，一步失误，________。

③ 爱美之心，________。人人都有爱美的心。

C. 干脆

课文原句：有的人不顾危险，通过过度整容的方式让自己更 “完美”，甚至干脆把脸上的眉毛、眼睛、鼻子、嘴唇整了个遍的做法，是非常不可取的。(第③段第 2 行)

结　　构：干脆 + V

意　　思：果断地选择别的方式。choosing another way decisively

例　　句：

① 今天商店营业时间短，干脆别去了。

② 如果这个星期还没有顾客，我们干脆关门算了。

③ 你要么努力争取，要么干脆放弃，不要犹豫。

练　　习：给 “干脆” 选择一个合适的位置。

① 既然 A 已经 B 花了这么多钱了，不如 C 买个最高档的 D。

② 如果 A 继续交往 B 让你感到 C 不舒服，那就 D 别联系了。

③ 因为 A 不能确定米雪 B 几点到，我 C 便 D 请了一整天假在家等她。

D. 不可否认

课文原句： 不可否认，手术后人们会变得更符合现代人"好看"的标准，但是，美丽的背后却要承受巨大的压力和痛苦。（第③段第 3 行）

结　　构： 不可否认，……（一个事实）

意　　思： 承认某件事情。used to admit something

例　　句：

① 不可否认，知识能改变人的命运。

② 不可否认的是，科技更新的速度已经超过了普通人的想象。

③ 春节的年味儿越来越淡是不可否认的事实。

练　　习： 根据括号里提示的主题，完成句子。

① 不可否认的是，______________________。（教育的作用）

② ______________________是不可否认的事实。（离婚率的变化）

③ ______________________，这是不可否认的。（传统文化的重要性）

E. 此外

课文原句： 虽然可以通过各种途径获得赔偿，但是对人体的伤害已经造成，后果是难以挽回的。此外，一系列的副作用也会在若干年后找上门来。（第④段第 2 行）

结　　构： 此外，……（句子 / 段落）

意　　思： 除了这个以外。besides; in addition

例　　句：

① 我们每周有 20 节汉语课，此外，还有中国文化课。

② 我在上海有几个老同学，此外，还有一个远房的亲戚。

③ 他每天早上都去锻炼，此外，周末有时也跟朋友去爬爬山。

练　　习：完成句子。

① 我的宿舍里有书桌、床等必需品，此外，________________。

② 要想提高写作水平，首先要下功夫多读，此外，________________。

③ 冰箱还满着呢，有不少水果和蔬菜，此外，________________。

F. 之处

课文原句：他们认为外貌是每个人的独特之处，是父母给我们的礼物。（第④段第 7 行）

结　　构：Adj/V + 之处

意　　思：……的地方 / 方面，书面语。in terms of... (written language)

例　　句：

① 说到伤心之处，她又流下了眼泪。

② 这篇文章的不足之处是观点不够清楚。

③ 那位明星所到之处都有无数路人围观。

练　　习：从下面选择三个“× × 之处”介绍你佩服的一个人。

A 厉害之处　　B 特别之处　　C 过人之处　　D 所到之处　　E 优秀之处

G. 偷偷

课文原句：她疯狂整容，谁也拦不住，总是趁家人不注意偷偷跑到医院。（第⑤段第 3 行）

结　　构：偷偷 + V

意　　思：行动不希望让人发现或知道。

doing something secretly so that others won’t find out or know about it

注　意：

"偷偷"做的事情不一定是负面的，只是不希望别人知道或发现。

What's being done is not necessarily bad, just something one doesn't want others to know or discover.

例　句：

① 开会的时候，趁大家不注意，他俩偷偷走了。

② 这次测验成绩不好，她正躲在墙角偷偷地哭呢。

③ 为了帮家里减轻经济负担，他瞒着家人周末偷偷去打工。

练　习：用"偷偷"回答问题。

① 妈妈过生日，你会提前告诉她你准备的礼物吗？

② 半夜 12 点你饿了，但父母不允许你 10 点之后吃东西，你怎么办？

③ 爸爸想戒烟，可总是忍不住，你会怎么办？

H. 除非……，才……

课文原句：除非一个人的外表已经严重影响到自己的正常生活，才需要用医学手段来解决。（第⑥段第 2 行）

意　思：在"除非"后面唯一条件具备的情况下，才会出现"才"后面的结果。

The result after "才" will appear only if the condition after "除非" is met.

例　句：

① 除非他现在立刻做手术，才能有救。

② 除非具有知名大学的博士学位，才能在这所高校工作。

③ 天气热极了，除非有必须要做的事，我才会出门。

注　意：

"除非"也可以在后半句，此时不需要用"才"。如：

"除非" can also be used in the second half of the sentence, in which case "才" is not needed, e.g.:

明天的考试必须参加，除非你有极特殊的情况。

练　　习：用“除非……，才……”改写句子。

① 他只有在雨雪天才会打车。

____

② 没发票不能退换。

____

③ 非买勿动。

____

课文理解

读第一遍课文，回答问题。

1. 发生意外的女模特抢救成功了吗？
2. 整容医院的生意怎么样？
3. 整容有没有失败的风险？
4. 手术的代价是否有效阻止了很多人去整容？
5. 作者认为什么情况下可以整容？

读第二遍课文，选择正确的答案。

1. 关于变美的途径，第②段没提到：

A 健身　　B 管理皮肤　　C 化妆　　D 整容手术

2. 作者认为过度整容：

A 存在危险　　B 价格过高　　C 值得推广　　D 技术成熟

3. 整容手术的负面影响，下面哪项没提到？

A 身体的疼痛　　B 感情不顺　　C 引发其他病　　D 有副作用

4. 家人对女模特整容的态度是：

A 赞成　　B 冷淡　　C 犹豫　　D 无奈

读第三遍课文，把下列选项填到本文写作思路中。

A 做独一无二的自己也很幸福

B 整容手术虽可让人变美，但需承受压力和痛苦

C 整容手术给生活带来的负面影响

D 模特整容出现意外

E 很多人不顾各种风险仍然坚持进行整容手术

F 整容业的发展现状

写作思路

文章以一条________的新闻开始，接着在第②段中描述了________。在此基础上，作者提出了自己的观点：________。为了证明自己的观点，作者在第④段运用具体的例子，说明________，同时在第五段指出，________。最后一段，作者再次提出自己的观点：________。

表达技巧

比喻论证（Metaphorical Argumentation）

比喻论证是用比喻的修辞手段进行论证的方法。为了论证一个抽象的道理，可以用一个具体生动的事例来进行比喻，从而使该道理变得通俗易懂，使读者容易明白并接受。课文第④段使用了两个比喻论证：

Metaphorical argumentation is a method of argumentation using metaphor or simile. In order to demonstrate an abstract idea, a concrete and vivid example can be used as a metaphor to make the idea easy to understand and accept. Two metaphorical arguments are used in paragraph 4 of the text:

他们认为外貌是每个人的独特之处，是父母给我们的礼物。礼物不能随便处理或扔掉，人的样子也不可被人为改变。

课文用“礼物”来比喻“外貌”，“礼物不能随便处理或扔掉”是常理，以此论证“人的样子也不可被人为改变”。

The text compares looks to a gift. As it's common sense that gifts can't be casually disposed of or thrown away, a person's looks can't be altered at will either.

而且，人的基因也是无法改变的。“种瓜得瓜，种豆得豆”，整了容，自己生的孩子完全不像自己，这是一件非常讽刺的事。

课文用“种瓜、种豆”来比喻生孩子，形象地论证孩子的外貌是不能通过父母整容而改变的。

The text uses planting melons and beans as a metaphor for having children, vividly demonstrating that a child's looks cannot be changed through his/her parents having plastic surgery.

■ 阅读下面一段话，在每个空格填写一个合适的词。

孩子不是计算机，不是父母想装什么软件就装什么软件。孩子不仅有自己的操作系统，还可以创造出很多富有个性的应用程序。父母不能像用鼠标控制电脑那样控制孩子；也不能期待孩子像电脑一样，在键盘上输入什么，在屏幕中就显示什么。所以，父母要做的就是接受孩子的选择，给孩子最大的支持，尊重孩子的个性，相信每个生命都有自我成长的动力和能力。好的教育是唤醒和影响，不是控制和命令。

1. 这段话用________来比喻孩子，作者认为二者虽有关联但实际不同，不能同样对待。其不同之处在于电脑的软件、操作系统、鼠标、键盘都可以被父母________，可是孩子不是这样。

2. 这段话的论点是父母应该________和________他们的孩子，并且应该________孩子的个性。父母可以通过语言和行为来________孩子，但是不能命令孩子。

任务活动

如果你是课文中女模特的好朋友，在知道了她的经历以后，你赞同她继续进行整容手术吗？为什么？请和同学进行小组活动，列举三个原因，并简单说明理由。你可能会用到以下词语和语言点。

形象　苗条　光滑　整　丰满　可取　丑　剧烈　人为
一系列　副作用　毛病　后果　代价　最初　分手　吸取
教训　疯狂　阻止　拦　途径　爱惜　部位　基因　干脆
幸亏　不可否认

词语拓展

表达观点（2）

理论　参考　构成　体系　模型　模式　特征　性质　本质
害处　不足　叫作　联想　比喻　夸张　标点　初级

交流

第十二课 丝绸之路与“一带一路”

背景知识

人和人之间需要交流。积极交流，信息就会在人际间发生流动；缺乏交流，亲人朋友之间感情就可能会变淡。国家之间也是如此。在经济全球化背景下，人们的交往方式以及人的社会和文化形态发生了重大变化，世界就是一个地球村。国家之间如何建立和谐、和平的关系，是一个值得思考的问题。

热　身

1. 你知道丝绸之路吗？
2. 你听说过“一带一路”吗？
3. 你的国家与中国签订共建“一带一路”合作文件了吗？
4. 你觉得“一带一路”会给各个国家带来什么好处？

自学生词

课前查词典自学以下生词，说说下列事物你是否见过。

词语	拼音	意思	词语	拼音	意思
陆地			石榴		
沙漠			种子		
故乡			狮子		
核桃			建筑		

课　文

丝绸之路与“一带一路” 12

① 古丝绸之路起源于西汉，这条陆地上的贸易通道将东亚、中亚、西亚和欧洲紧密联系在一起，对东西方文化的交流与经济的繁荣具有重大的意义。张骞，这位西汉著名外交家[A]，先后两次出使西域，开辟了古丝绸之路。可以说，没有张骞，就没有[B]古代中国对世界最初的探索。

② 据历史记载和文学作品描写，西域的广大土地上分布着大片沙漠，自然环境恶劣。张骞离开故乡出使西域，常常会面临死亡的威胁，最危险的事莫过于[C]此了。在出使的路上，张骞曾经两次被匈奴抓住，不过后来都找到机会幸运地逃了出来。在脱离匈奴的控制后，张骞并没有放弃前进的计划。经过十三年的努力，他最终完成了第一次出使西域这项艰巨的任务。后来张骞又花了五年时间完成了第二次出使。

③ 张骞出使西域的路就是最初的丝绸之路。他的队伍把古代中原灿烂的文明传播到西域，同时，也把西域的文明带回了中原。通过这条道路，西域的葡萄、核桃、石榴等植物的种子传到了中原，丰富了老百姓的餐桌，汉人还见到了从未见过的狮子等动物。后来，人们沿着丝绸之路经商，东西方各国的交流不断增多，各国加深了对彼此历史、建筑、风俗、文字等的了解，丝绸之路上的故事多得数不过来[D]。丝绸之路后来又继续向西延伸到非洲国家，成为了各国经济、文化交流的友谊之路。

④ 为了继承古丝绸之路各国友好交流的传统，中国提出了各国共同建设“一带一

路”的倡议。“一带”指的是“丝绸之路经济带”，“一路”指的是“21世纪海上丝绸之路”。自提出以来，“一带一路”上的欧亚非各国经济、贸易发展形势越来越好，文化交流亦[E]取得了很大进展。“一带一路”之所以受到各国政府和老百姓的支持，是因为各国人民的根本利益是高度一致的，那就是对幸福生活的追求。

⑤ 柳德米拉的中文名字叫刘美，是白俄罗斯的一名大学汉语教师，在语言学院教汉俄翻译课。她的学生基本都能熟练运用汉语，而且毕业后将进入白俄罗斯的中国公司实习、工作，成为白领。刘美在为白俄罗斯培养汉语人才的同时，还从事汉俄翻译工作。这几年，她亲[F]身感受到了“一带一路”的发展，来白俄罗斯访问的中国学者、商人越来越多，各种学术活动、文化活动、商务会议举行得越来越频繁。在刘美的眼中，“一带一路”不是一个抽象的概念，它表现为由一个个具体活动组成的两国各领域合作的综合提升。刘美说：“各国文化固然[G]有不同之处，但人们心中对幸福的追求、对美好生活的向往是相同的。各国应该彼此虚心学习、一道努力，为建设我们共同的家园——地球而[H]团结起来。”

（全文约1150字，大约需要9分钟）

生　词

1	通道	tōngdào	N	passageway; thoroughfare	一条通道、绿色通道
2	紧密	jǐnmì	Adj	close; inseparable	紧密的联系、紧密相关
3	重大	zhòngdà	Adj	great; weighty	重大问题 / 成果 / 赛事 / 作用 / 错误
4	出使	chūshǐ	V	to serve as an envoy abroad	出使别国
5	开辟	kāipì	V	to open up; to pioneer	开辟新途径 / 业务、开辟一片区域
6	探索	tànsuǒ	V	to explore; to probe	积极探索、探索世界 / 一种新模式
7	记载	jìzǎi	V	to put down in writing; to record	记载下来、书中记载着、据记载、书中有记载、记载得很清楚
8	描写	miáoxiě	V	to describe; to depict	描写人物 / 环境
9	恶劣	èliè	Adj	very bad; harsh; abominable	恶劣的环境 / 天气 / 影响 / 态度
10	死亡	sǐwáng	V	to die	造成多人死亡、害怕死亡
11	莫过于	mòguòyú	V	nothing is more... than	
12	逃	táo	V	to run away; to escape	逃走 / 出 / 到、逃不掉 / 过
13	控制	kòngzhì	V	to control	控制住、控制不了、受控制、控制饮食、难以控制
14	前进	qiánjìn	V	to advance; to go forward	匀速 / 缓慢前进、前进的方向、朝目标前进

15	艰巨	jiānjù	Adj	arduous; formidable	艰巨的任务
16	灿烂	cànlàn	Adj	gorgeous; brilliant	阳光灿烂、灿烂的笑容
17	文明	wénmíng	N/Adj	civilization; civilized	灿烂的文明、中华文明、文明行为、文明礼貌
18	传播	chuánbō	V	to disseminate; to spread	传播文化 / 病毒、传播得很广、传播出去
19	经商	jīng//shāng	VO	to engage in trade; to do business	在中国经商、经商者、经商头脑
20	风俗	fēngsú	N	custom	风俗习惯、当地的风俗、尊重对方的风俗
21	文字	wénzì	N	characters; written language	语言文字、优美的文字
22	延伸	yánshēn	V	to extend; to stretch	延伸了几百米、延伸到非洲
23	继承	jìchéng	V	to inherit	继承人、继承传统
24	倡议	chàngyì	V/N	to propose; proposal	向大家倡议、发出 / 支持倡议、倡议书
25	形势	xíngshì	N	situation; circumstances	国际形势、新形势、随着形势的变化、形势好转
26	亦	yì	Adv	also	
27	进展	jìnzhǎn	V	to make progress; to advance	有进展、最新进展、取得重要进展
28	利益	lìyì	N	interest; benefit; profit	经济利益、损害别人利益、保护自己的利益、长远利益
29	高度	gāodù	Adj/N	of a high degree; height	高度称赞 / 评价 / 概括 / 重视、高度一致
30	学院	xuéyuàn	N	college; educational institute	语言学院、孔子学院
31	俄（语）	É(yǔ)	PN	Russian (language)	学俄语、俄汉词典
32	基本	jīběn	Adv/Adj	basically; on the whole; essential; basic	基本完成、基本生活用品 / 条件 / 工资 / 技能
33	实习	shíxí	V	to do an internship	去公司实习、实习生、实习期、实习单位
34	白领	báilǐng	N	white-collar worker	当白领
35	人才	réncái	N	talent; person of ability	珍惜 / 招聘人才
36	亲身	qīnshēn	Adj	personal; first-hand	
37	访问	fǎngwèn	V	to visit; to interview	访问中国 / 我们大学、访问期间
38	学者	xuézhě	N	scholar	专家学者、知名学者
39	学术	xuéshù	N	scholastic learning; academic study	学术研究 / 成果
40	商务	shāngwù	N	business; commerce	商务汉语 / 合作、商务部
41	频繁	pínfán	Adj	frequent; often	频繁降雨 / 外出 / 出现、日益频繁
42	抽象	chōuxiàng	Adj	abstract	抽象艺术、抽象的概念

43	综合	zōnghé	V	to synthesize; to combine	综合考虑、综合能力、综合在一起、综合性大学、综合起来看
44	固然	gùrán	Conj	though of course; admittedly	
45	向往	xiàngwǎng	V	to yearn for	令人向往、向往的生活、向往已久
46	虚心	xūxīn	Adj	modest; open-minded	虚心的人、虚心接受 / 请教 / 学习
47	一道	yídào	Adv	together	跟我们一道前往
48	家园	jiāyuán	N	home; homeland	美丽 / 共同 / 温暖的家园
49	团结	tuánjié	V/Adj	to unite; (of a group) solid; cohesive	团结起来、团结一心、团结的集体
特例词					
1	丝绸之路	sīchóu zhī lù	IE	Silk Road	
2	西汉	Xī Hàn	PN	Western Han Dynasty (206 BC–25 AD)	
3	张骞	Zhāng Qiān	PN	Zhang Qian, a Western Han official and diplomat	
4	西域	Xīyù	PN	the Western Regions, a historical name for Xinjiang and the eastern part of Central Asia	
5	匈奴	Xiōngnú	PN	Xiongnu, an ancient nomadic group in north China	
6	中原	Zhōngyuán	PN	Central Plains, referring to the middle and lower reaches of the Yellow River	
7	非洲	Fēizhōu	PN	Africa	
8	一带一路	yí dài yí lù	IE	Belt and Road Initiative	
9	柳德米拉	Liǔdémǐlā	PN	transliteration of a Belarusian person's name	
10	白俄罗斯	Bái'éluósī	PN	Belarus	

重点词语学习

	词　语	搭　配	例　句
1	记载	书中记载着	书中记载着一个个生动的历史故事。
		据记载	据记载，这里在公元 9 世纪时就有人居住。
		记载得很清楚	这件事在史书上记载得很清楚。

	词语	搭配	例句
2	控制	控制住	大火终于控制住了。
		受控制	我的鼠标坏了，总是不受控制。
		控制饮食	最近体重有所增加，我得控制一下饮食了。
3	传播	传播病毒	这种病毒正在全世界范围内传播。
		传播得很广	他的好人好事在网上传播得很广。
		传播出去	这种新观念应该传播出去，让更多的人知道。
4	倡议	向大家倡议	我们向大家倡议节约每一滴水。
		发出倡议	有关部门发出倡议，希望广大市民能做好垃圾分类工作。
		倡议书	这是一封致广大青少年的倡议书。
5	形势	国际形势	收看国际新闻可以了解最新国际形势。
		随着形势的变化	人们的观念应随着形势的变化而更新。
		形势好转	全国经济形势好转了，人民的生活水平也相应提高了。
6	利益	经济利益	经济利益是影响公司做决定的主要因素之一。
		损害别人利益	我们在保护自身利益的同时也不能损害别人的利益。
		长远利益	成功的人处理事情会尽量兼顾长远利益和眼前利益。
7	高度	高度评价	校长高度评价了马小军乐于助人的行为。
		高度重视	市民反映的问题已经引起了相关部门的高度重视。
		高度一致	大家在对待这件事情上的态度高度一致。
8	基本	基本生活用品	这家超市不大，但是基本生活用品都有。
		基本工资	他每个月的收入由基本工资和奖金组成。
		基本技能	开车是现代社会每个人的基本技能。
9	频繁	频繁降雨	这个地区每年一月都会频繁降雨。
		频繁出现	近半年来，我的身体频繁出现问题，朋友建议我去做一下体检。
		日益频繁	各国之间的交流日益频繁，翻译的作用也显得日益重要。
10	综合	综合考虑	这样做是我们看了多个方案后综合考虑的结果。
		综合能力	招聘新员工时，我们更看重其综合能力。
		综合起来看	虽然个别产品销售情况不太理想，但综合起来看，公司的发展趋势是好的。

选择表中适当的词语搭配填空，然后和同学进行问答。

1. 如果刚和恋人分手，你能________自己不去想他 / 她吗？（控制）
2. 你认为目前新闻能通过媒体及时________吗？（传播）

3. 面对日益严重的交通拥挤问题，你会________做什么？（倡议）
4. 当汉语老师需要具备的________有哪些？（基本）
5. 能不能说一说你对当前________的看法？（形势）
6. 你认为垃圾分类这件事的________是什么？（利益）
7. 你认为学校里的什么现象应该引起领导的________？（高度）
8. 各国之间在经济、文化等方面的交流________的原因是什么？（频繁）

词语综合练习

将每一组左右两栏的词语进行连线，组成正确的词组，然后选择恰当的词组完成句子。

第一组：

I	II
学术	团结
用文字	文明
灿烂的	专用通道
高度	人才
开辟	抽象
紧密地	记载
一道	出使

1. 人类文明的发展历史不过几千年，然而这期间，人类创造出了____________。
2. 他能把____________的概念和原理与现实相联系，用最易理解的语言表达出来。
3. 交通管理部门将在该道路上为公交车____________。
4. 我习惯每天写点儿日记，____________自己一路走来的心情。
5. 经过这次危机，全体员工都意识到应该更加____________在一起。

第二组：

I	II
重大	访问
向沙漠内部	利益
控制	描写
对当地风俗的	商务合作
最基本的	发起探索
恶劣的	形势
来我们学院	病毒的传播

1. 政府采取了一系列有效手段以________________。

2. 该书________________是十分详细且生动的。

3. 下周五，友好学校李校长一行将________________。

4. 被无故辞退的员工计划将公司告到法院，以争取个人________________。

5. 在当前________________下，不少小微企业因承受不了巨大的经济压力，纷纷倒闭。

近义词辨析

1. 重大、巨大

两个词都是形容词，都有“非常大”的意思，修饰“成就”“影响”等词时，两者可以互换。但是，“重大”的重心在“重”，强调“重要性”，因此，只能说“重大责任”，不能说“巨大责任”；而“巨大”强调规模和数量，如“巨大的建筑”“投资巨大”，此时不能用“重大”。

此外，“重大”还能受程度副词修饰，如“非常重大”，而“巨大”没有这一用法。

Both words are adjectives and have the meaning of “very large”. When modifying such words as “成就” and “影响”, the two can be interchanged. However, the focus of “重大” is on “重”, emphasizing the importance. Therefore, we can only say “重大责任” (huge responsibility) instead of “巨大责任”. “巨大” emphasizes the scale and quantity, for example “巨大的建筑” (huge building) and “投资巨大” (huge investment), where “重大” cannot be used.

In addition, “重大” can also be modified by adverbs of degree, for example “非常重大” (very significant), which, however, does not apply to “巨大”.

请填空：

① 对于________问题，一定要经过谨慎思考后再做决定。

② 工作人员意识到事关________，立刻向领导进行了汇报。

③ 离开家乡求学的这几年，这里发生了________的变化。

④ 夏天的太阳就像一个________的火球，炙烤着大地。

2. 基本、基础

“基本”可以用作形容词，意思是“起主要作用的”，如“基本条件”“基本生活物品”；“基本”还可以用作副词，意思是“大体上”，如“我们班的同学基本都会两门外语”。而“基础”是一个名词，指“事物发展所不可缺少的根本”，如“基础知识”“没有画画的基础”。

“基本” can be used as an adjective, meaning “playing a major role”, such as “基本条件” (essential condition) and “基本生活物品” (daily necessities). “基本” can also be used as an adverb, meaning “by and large”, for example “我们班的同学基本都会两门外语” (Most of the students in my class can speak two foreign languages). However, “基础” is a noun that refers to the indispensable fundamentals for the development of things, for example “基础知识” (basic knowledge) and “没有画画的基础” (to have no prior painting experience).

请填空：

① 人与人之间应该有最________的信任。

② 如果在初级班没打好________，到了中级班会学得很吃力。

③ 鸡蛋不能放到微波炉里加热，这是个________常识。

④ 他的________知识非常扎实。

语言点

A. 插入语

课文原句： 张骞，这位西汉著名外交家，先后两次出使西域，开辟了古丝绸之路。（第①段第2行）

意　　思： 在一个句子中间插入一个成分，不做句子的何种成分，也不和句子中的成分发生结构关系，既不起连接作用，也不表示语气，这个成分叫作插入语。文中“这位西汉著名外交家”，就是插入语，其作用是对张骞这一人物进行解释说明。此外，插入语还有很多功能，如下列例句。

A parenthesis is a phrase, etc. inserted in a sentence, which does not constitute any part of the sentence or have a structural relationship with the components in the sentence. It neither connects any two parts nor expresses any tone. In the sentence above, “这位西汉著名外交家” is a parenthesis, whose role is to provide information on Zhang Qian. Parentheses have many functions as shown in the following examples.

例　　句：

① 锻炼身体有很多方法，比如，你可以晚饭后散一个小时步。（表示举例 / Giving an example）

② 据电视上说，这里要建一个大型超市。（表示消息来源 / Indicating the source of information）

③ 已经不早了，看样子，他不来了。（表示估计 / Indicating an estimate）

④ 学校里各种设施都有，住宿条件很好，食堂的菜也可口，总之，住在校内更方便。（表示总结 /Indicating a summary）

练　　习： 用恰当的插入语完成句子。

① 他的眼圈黑黑的，________，昨天晚上没休息好。

② 我家的猫白天睡、中午睡、晚上还在睡，________，它的一天差不多都是在睡觉中度过的。

③ 微信的功能非常强大，________，可以语音通话、视频、付钱等。

B. 没有……，就没有……

课文原句： 可以说，没有张骞，就没有古代中国对世界最初的探索。（第①段第 3 行）

意　　思： 如果没有前边的情况、人物，就不会出现后边的结果。

Without the condition or person mentioned earlier, the following result wouldn't be possible.

例　　句：

① 没有你的帮助，就没有我今天的成功。

② 她总说，没有孩子，生活就没有意义。

③ 没有各行各业的付出，就没有现在这么美好的生活。

练　　习： 用"没有……，就没有……"改写句子。

① 如果你不期待那么多，现在也就不会那么失望。

____

② 离开大家的努力，公司就不会有现在的成绩。

____

③ 离开了阳光和水，这个世界上就不会有生命存在。

____

C. 莫过于

课文原句： 张骞离开故乡出使西域，常常会面临死亡的威胁，最危险的事莫过于此了。（第②段第 2 行）

结　　构： 最 + Adj + 的（+ N）+ 莫过于……

意　　思：表示在某个范围内程度最高的就是“莫过于”后边的人或事物。

It means that the person or thing after it is of the highest degree within a certain range.

例　　句：

① 夏天最幸福的事情莫过于开着空调吃冰激凌。

② 世界上最难过的事情莫过于生离死别。

③ 人生最宝贵的莫过于健康。

练　　习：用“莫过于”回答问题。

① 你为什么推荐我去上海旅游？

② 母亲节送给妈妈什么礼物最好？

③ 你认为人生中最遗憾的事情是什么？

D. 复合趋向补语“过来”的引申含义 2

课文原句：丝绸之路上的故事多得数不过来。（第③段第 5 行）

结　　构：V + 得 / 不过来

意　　思：事情能否顺利完成。indicating whether something can be done smoothly

例　　句：

① 要考的内容太多了，我复习不过来了。

② 最近好看的电视节目太多了，我都看不过来了。

③ 虽然有三个孩子，但这对夫妻自己照顾得过来。

练　　习：选词填空。

A 忙不过来	B 拿得过来	C 记不过来

① 这么多东西你________吗？我帮你吧！

② 你一个人________，为什么不请别人帮忙呢？

③ 这个学期的学生太多了，学生的名字老师都________了。

E. 亦

课文原句：自提出以来，“一带一路”上的欧亚非各国经济、贸易发展形势越来越好，文化交流

亦取得了很大进展。（第④段第 3 行）

结　构：亦 + V/N

意　思：也，书面语。too; as well (written language)

例　句：

① 留学的这段时间，有孤单和辛苦，亦有开心和感动。

② 人与人之间需要相互尊重，国家之间亦是如此。

③ 很幸运在人生道路上能遇到一些亦师亦友的伙伴。

练　习：给“亦”选择一个合适的位置。

① A 因病无法上课 B 应提前请假，迟到 C 需提前 D 向老师报告。

② 生活中 A 少一点儿抱怨，B 就会 C 多一点儿快乐，人生 D 是如此。

③ 这种药有 A 一定的 B 镇静作用，对 C 治疗失眠 D 有一定效果。

F. 亲

课文原句：这几年，她亲身感受到了“一带一路”的发展。（第⑤段第 4 行）

结　构：亲 + 单音节名词（人体部位、物品）/ 单音节动词

意　思：动作是自己做的。 The action is done by oneself.

例　句：

① 这件事是他亲口说的。

② 我一直想要那个明星的亲笔签名。

③ 如果不是亲历，是写不出这么真实的故事的。

练　习：选词填空。

A 亲手	B 亲身	C 亲生	D 亲眼

① 如果不是________看到，我绝不相信会发生这种事情。

② 这个文件很重要，你一定要________交给王主任。

③ 直到三十岁，他才知道自己不是父母________的。

G. 固然

课文原句： 各国文化固然有不同之处，但人们心中对幸福的追求、对美好生活的向往是相同的。（第⑤段第 7 行）

结　　构： 固然……，但（是）/ 可（是）/ 却……

意　　思： 承认“固然”后边的事实后转折，引出另一个事实。

It is used to acknowledge a fact before turning to another contrasting fact.

例　　句：

① 坐飞机固然比坐高铁快，但价格也高了不少。

② 你说的办法固然有道理，可并不适用于我们这里的情况。

③ 手机固然给人们的生活带来了巨大的便利，但是也在某种程度上拉远了人们之间的距离。

注　　意：

“固然”一般位于主语的后面。

“固然” is usually placed after the subject.

练　　习： 用“固然”回答问题。

① 你看，小猫多可爱啊，你怎么不养一只呢？

② 我花了很多时间复习，为什么还是没考好？

③ 出国留学对学习外语很有帮助，我想让儿子去国外上小学，你觉得怎么样？

H. 为……而……

课文原句： 各国应该彼此虚心学习、一道努力，为建设我们共同的家园——地球而团结起来。（第⑤段第 9 行）

结　　构： 为 + V/N + 而 + V / Adj

意　　思： 为了一个目的做后边的事情，或因为某个原因出现后边的结果。

to do something for a certain purpose; something is the reason for something else

例　句：

① 让我们为我们伟大的友谊而干杯！

② 李白正在为明天的考试而用心准备着。

③ 米雪还在为不太理想的成绩而伤心。

练　习：用“为……而……”把下面每组中的两句话合并成一句。

① 他想买最新款手机。他正在存钱。

____

② 父母省钱过日子。父母想给孩子买套房子。

____

③ 他错过了申请奖学金的时间。他很遗憾。

____

课文理解

读第一遍课文，回答问题。

1. 哪个人物对开辟丝绸之路有重要意义？
2. 他一共出使西域几次？
3. 通过古丝绸之路，从西域传到中原的有什么？
4. “一带一路”就是古丝绸之路吗？
5. 刘美感受到了“一带一路”给白俄罗斯带去的哪些变化？

读第二遍课文，选择正确的答案。

1. 关于张骞，下列正确的是：

A 是唐代人　　B 做事不轻易放弃

C 两次出使共 13 年　　D 出使之旅很顺利

2. 关于古丝绸之路，下列错误的是：

A 促进经济交流　　B 最远可达非洲

C 由张骞开辟　　D 线路并不固定

3. “一带一路”受各国政府和老百姓支持的原因是：

A 使生活更幸福　　B 改变饮食习惯

C 增加旅游机会　　D 保护传统文化

4. 下列哪个是刘美的观点？

A 各国文化相似　　B 国家间应互相学习

C 缺少汉语人才　　D “一带一路”很抽象

■ 读第三遍课文，将句子的前后两部分进行连线。

1. 除了要在恶劣的自然环境中生活	A 丝绸之路加强了各国间的了解
2. 作为经济及文化交流的通道	B 是古代中国探索世界的代表人物
3. 符合各国人民根本利益的“一带一路”倡议	C 中国与白俄罗斯之间各类活动日益频繁
4. 受“一带一路”倡议的影响	D 受到各国人民群众的支持
5. 西汉著名外交家张骞	E 张骞还面临着被匈奴抓住的危险

表达技巧

借代（Metonymy）

借代是在写文章时不直接说出所要表达的人或事物，而是用与它密切相关的人或事物来代替的修辞方法。使用借代可以引发读者的联想，从而使语句具有形象突出、特点鲜明、具体生动的效果。课文中有两处借代：

Metonymy is a rhetorical device that does not directly mention the person or thing the article intends to talk about, but uses the name of someone or something closely related as a substitute. The use of metonymy can elicit the reader's associative thinking, so that the expression will become impressive, distinctive, and more specific and vivid. There are two places in the text where metonymy is used:

通过这条道路，西域的葡萄、核桃、石榴等植物的种子传到了中原，丰富了老百姓的餐桌。

此处使用“餐桌”来指代“饮食”，“餐桌”与“饮食”相关，且更加形象具体。

“餐桌” (dining table) is used here to refer to diet, for it is related to diet and is more specific.

她的学生基本都能熟练运用汉语，而且毕业后将进入白俄罗斯的中国公司实习、工作，成为白领。

此处使用“白领”来指代“脑力工作者”。“脑力工作者”上班时多穿白色衬衫，故“白领”与“脑力劳动者”相关，且更加形象具体。

“白领” (white collar) is used here to refer to brain-workers. As brain-workers often wear white shirts at work, they are related to “白领”, a more specific term.

阅读下列句子，选出加线部分指代的对象。

1. 她长大后的理想是成为一名白衣天使，努力工作减少病人的痛苦。

   A 教授　　B 护士　　C 学者　　D 商人

2. 作为一个地方官，他在工作中始终坚持为群众解决实际困难，而且绝对不拿群众的一针一线。

   A 医疗　　B 文件　　C 财物　　D 口碑

3. 据报道，华盛顿近日表示乐意见到上述两个国家恢复和平谈判。

   A 美国政府　　B 华盛顿的市长

   C 叫“华盛顿”的名人　　D 在华盛顿开的一个会议

任务活动

本课我们了解了丝绸之路和“一带一路”的相关知识和故事。“一带一路”并不遥远，它就在我们的身边，影响着我们的生活。请据此完成下面的任务：

第一步：

想想具备较高的汉语能力对从事哪些职业有帮助，有什么帮助。

第二步：

与同学讨论，作为汉语学习者，未来的职业如何与“一带一路”建立联系。

第三步：

基于上面的思考与讨论，以《我与“一带一路”》为题，写一写自己理想的职场生活。你可能会用到以下词语和语言点。

学者	学术	文字	人才	白领	实习	传播	商务	经商
亲身	继承	倡议	频繁	紧密	艰巨	向往	一道	重大
综合	形势	固然	莫过于	为……而……				

词语拓展

描述物品

形容　物品　硬　软　细　斜　强　平　杂　烂　横　竖　密　反　痕迹　外部

振动　膨胀　清淡　粗糙　恐怖　无限　巧妙　神秘　结实　典型　缓慢

笔　记

附　录

语法术语缩略形式一览表

缩略形式 Abbreviations	英译 Grammar Terms in English	中文名称 Grammar Terms in Chinese	拼音 Grammar Terms in *Pinyin*
Adj	Adjective	形容词	xíngróngcí
Adv	Adverb	副词	fùcí
AsPt	Aspect Particle	动态助词	dòngtài zhùcí
C	Complement	补语	bǔyǔ
Conj	Conjunction	连词	liáncí
IE	Idiomatic Expression	习惯用语	xíguàn yòngyǔ
M	Measure Word	量词	liàngcí
MdPt	Modal Particle	语气助词	yǔqì zhùcí
N	Noun	名词	míngcí
NP	Noun Phrase	名词词组	míngcí cízǔ
Nu	Numeral	数词	shùcí
O	Object	宾语	bīnyǔ
Ono	Onomatopoeia	象声词	xiàngshēngcí
OpV	Optative Verb	能愿动词	néngyuàn dòngcí
P	Predicate	谓语	wèiyǔ
PN	Proper Noun	专有名词	zhuānyǒu míngcí
Pref	Prefix	词头	cítóu
Prep	Preposition	介词	jiècí
Pron	Pronoun	代词	dàicí
Pt	Particle	助词	zhùcí
PW	Place Word	地点词	dìdiǎncí
Q	Quantifier	数量词	shùliàngcí
QPr	Question Pronoun	疑问代词	yíwèn dàicí
QPt	Question Particle	疑问助词	yíwèn zhùcí
S	Subject	主语	zhǔyǔ
StPt	Structural Particle	结构助词	jiégòu zhùcí
Suf	Suffix	词尾	cíwěi
V	Verb	动词	dòngcí
VC	Verb plus Complement	动补式动词	dòngbǔshì dòngcí
V C	Verb-Complement Phrase	动补词组	dòngbǔ cízǔ
VO	Verb plus Object	动宾式动词	dòngbīnshì dòngcí
V O	Verb-Object Phrase	动宾词组	dòngbīn cízǔ
VP	Verb Phrase	动词词组	dòngcí cízǔ

生词表

A

爱惜	àixī	to value highly and use prudently	11
安居乐业	ānjū-lèyè	to live and work in peace and contentment	10
安心	ānxīn	at ease; relieved	10

B

白俄罗斯	Bái'éluósī	Belarus	12
白领	báilǐng	white-collar worker	12
摆脱	bǎituō	to shake off; to break away from; to free oneself from	10
包含	bāohán	to contain; to embody	10
包围	bāowéi	to surround; to encircle	6
保留	bǎoliú	to retain; to reserve	7
报告	bàogào	report; to report	1
悲观	bēiguān	pessimistic	4
悲伤	bēishāng	sad; sorrowful	9
背后	bèihòu	behind; back	2
奔	bēn	to run quickly	1
本地	běndì	this locality	6
本人	běnrén	oneself	9
遍布	biànbù	to spread all over	6
标志	biāozhì	mark; to indicate	2
表面	biǎomiàn	surface	3
不见得	bújiànde	not necessarily	1
不耐烦	bú nàifán	impatient	2
不幸	búxìng	unfortunate	4
补充	bǔchōng	to replenish; to supplement	3
不安	bù'ān	uneasy; disturbed	5
不得不	bùdébù	have to; cannot but	10
不妨	bùfáng	there is no harm in	3
不满	bùmǎn	discontented; dissatisfied	2
不宜	bùyí	to be unsuitable	3
不已	bùyǐ	endlessly; non-stop	9

C

彩色	cǎisè	multicolor	9
灿烂	cànlàn	gorgeous; brilliant	12
操心	cāo//xīn	to worry (about)	10
操作	cāozuò	to operate	2
策略	cèlüè	tactics	2
差距	chājù	gap; disparity	10
插	chā	to stick in; to insert	8
长期	chángqī	over a long period; long-term	3
畅销	chàngxiāo	to sell well	2
倡议	chàngyì	to propose; proposal	12
超	chāo	super-	1
朝	cháo	facing; toward	7
吵	chǎo	to quarrel	11
彻底	chèdǐ	thorough	3
成分	chéngfèn	ingredient; constituent	3
成熟	chéngshú	mature; ripe	10
诚恳	chéngkěn	sincere; heartfelt	5
迟早	chízǎo	sooner or later	10
持续	chíxù	to last; to continue	3
充足	chōngzú	adequate; sufficient	6
重庆	Chóngqìng	Chongqing, a city in China	5
抽象	chōuxiàng	abstract	12
仇人	chóurén	personal enemy	4
丑	chǒu	ugly	11
出口	chūkǒu	exit	2
出使	chūshǐ	to serve as an envoy abroad	12

除非	chúfēi	only if; only when	11
楚国	Chǔguó	the State of Chu	8
传播	chuánbō	to disseminate; to spread	12
传说	chuánshuō	it is said; legend; folk tale	8
窗口	chuāngkǒu	window	6
此外	cǐwài	besides; in addition	11
次	cì	second to	6
刺激	cìjī	to stimulate; to excite	10
匆忙	cōngmáng	hasty; in a hurry	1
从容	cóngróng	calm; unhurried	9
从未	cóngwèi	never	1
粗心	cūxīn	careless; sloppy	7
催	cuī	to urge; to press	5
措施	cuòshī	measure; action	8

D

答应	dāying	to agree; to promise	5
打交道	dǎ jiāodao	to come into contact with	1
大吃一惊	dàchī-yìjīng	to be greatly surprised	5
大型	dàxíng	large-scale	6
大致	dàzhì	roughly; approximately; general	6
代价	dàijià	cost; price	11
代替	dàitì	to replace	6
担任	dānrèn	to hold the post of	8
单	dān	only; alone	4
单	dān	single	9
单独	dāndú	alone; by oneself	10
单位	dānwèi	unit (as a standard measurement)	2
导致	dǎozhì	to lead to	2
倒霉	dǎo//méi	unlucky	7
得益于	déyì yú	to benefit by; to profit from	6
得知	dézhī	to have learned; to know	1
等于	děngyú	to equal; to amount to	10
抵抗	dǐkàng	to resist	8
递	dì	to hand (sb. sth.); to pass (sth. to sb.)	1
叮嘱	dīngzhǔ	to urge again and again	9
懂得	dǒngde	to understand	2
动人	dòngrén	moving; touching	5
独立	dúlì	(to be) independent; (to be) on one's own	10
独一无二	dúyī-wú'èr	unique; one of a kind	11
独自	dúzì	alone; by oneself	4
度过	dùguò	to pass (time); to spend (time)	6
端	duān	end; extremity	6
端午节	Duānwǔ Jié	Dragon Boat Festival	8
短信	duǎnxìn	text message	5
对待	duìdài	to treat; to deal with	7
多亏	duōkuī	thanks to	4
躲	duǒ	to hide	7

E

俄（语）	É(yǔ)	Russian (language)	12
恶劣	èliè	very bad; harsh; abominable	12

F

发言	fā//yán fāyán	to speak; to give a speech; speech	5
烦躁	fánzào	fidgety; agitated	9
繁忙	fánmáng	busy	1
繁荣	fánróng	flourishing; prosperous	6
反复	fǎnfù	repeatedly; to repeat; to relapse	5
反正	fǎnzhèng	in any case; anyhow	5
范围	fànwéi	scope; limits	6
方案	fāng'àn	scheme; plan	9
访问	fǎngwèn	to visit; to interview	12
非洲	Fēizhōu	Africa	12

肥胖	féipàng	fat; obese	3
分明	fēnmíng	distinct; clear	6
分手	fēn//shǒu	to break up; to end a relationship	11
分析	fēnxī	to analyze	10
丰满	fēngmǎn	plump; full	11
风俗	fēngsú	custom	12
风险	fēngxiǎn	risk	4
疯狂	fēngkuáng	crazy	11
讽刺	fěngcì	to ridicule; to satirize	11
否认	fǒurèn	to deny; to repudiate	11
扶	fú	to place a hand on sb. or sth. for support	9
副	fù	*a measure word for sets of objects or for facial expressions, appearances, etc.*	5
副	fù	auxiliary; subsidiary	11

G

改革开放	gǎigé kāifàng	reform and opening-up	6
改进	gǎijìn	to improve	6
改正	gǎizhèng	to correct	5
概括	gàikuò	to summarize	9
概率	gàilǜ	probability	3
概念	gàiniàn	concept; notion	10
干脆	gāncuì	simply; outright	11
干旱	gānhàn	dry; arid	6
干燥	gānzào	dry; arid	6
赶	gǎn	to drive away	8
赶快	gǎnkuài	at once; quickly	2
感激	gǎnjī	to feel grateful	10
感慨	gǎnkǎi	to sigh with emotion	9
高档	gāodàng	high-grade; high-end	9
高度	gāodù	of a high degree; height	12
割	gē	to cut	11
隔	gé	to be at a distance from	3
个别	gèbié	few; isolated; individually	9
公开	gōngkāi	open; public; to disclose; to make public	7
公元	gōngyuán	AD; the Christian era	8
供不应求	gōngbú-yìngqiú	supply falls short of demand	10
供求	gōngqiú	supply and demand	10
沟通	gōutōng	to communicate	4
古典	gǔdiǎn	classical	4
古老	gǔlǎo	ancient	1
固然	gùrán	though of course; admittedly	12
顾	gù	to attend to; to take into consideration	11
怪	guài	to blame (sb.)	1
官	guān	government official	7
官职	guānzhí	government post	8
管	guǎn	used with "叫", meaning "to call sb./sth. sth."	8
光滑	guānghuá	smooth; glossy	11
光临	guānglín	to honor with one's presence	2
光泽	guāngzé	luster; gloss	9
广	guǎng	wide; extensive	6
广东	Guǎngdōng	Guangdong, a province in China	6
规模	guīmó	scale; scope	4
裹	guǒ	to wrap; to bind	8
过	guò	excessively; over-	7
过分	guò//fèn	excessive	5
过敏	guòmǐn	to be allergic	3

H

海拔	hǎibá	elevation; altitude	6
害处	hàichù	harm	3

含量	hánliàng	content	3
含有	hányǒu	to contain	3
旱季	hànjì	dry season	6
豪华	háohuá	luxurious	2
好	hǎo	so as to; so that	1
好客	hàokè	hospitable	5
何必	hébì	there is no need to	9
和平	hépíng	peace	8
核心	héxīn	core; kernel	4
恨	hèn	to hate	10
宏观	hóngguān	macroscopic	10
后果	hòuguǒ	consequence; aftermath	11
壶	hú	kettle; pot	4
互助	hùzhù	to help each other	4
划	huá	to paddle; to row	8
化妆	huà//zhuāng	to put on make-up	7
话题	huàtí	topic	10
怀念	huáiniàn	to cherish the memory of; to miss	8
怀孕	huái//yùn	to be pregnant	3
幻想	huànxiǎng	to imagine; illusion	10
恢复	huīfù	to resume; to recover	3
昏迷	hūnmí	to be in a coma	9

J

基本	jīběn	basically; on the whole; essential; basic	12
及格	jí//gé	to pass (a test)	5
极端	jíduān	extreme; extremity	10
即	jí	i.e.; aka	5
急忙	jímáng	in a hurry	4
集合	jíhé	to gather; to assemble	4
集体	jítǐ	collective; group	4
集中	jízhōng	to concentrate; focused	7
嫉妒	jídù	to be jealous; to envy	8
计算	jìsuàn	to calculate; to compute	9
记载	jìzǎi	to put down in writing; to record	12
纪念	jìniàn	to commemorate; souvenir	8
系	jì	to fasten	1
继承	jìchéng	to inherit	12
加油	jiā//yóu	to make a greater effort	1
佳	jiā	good; fine	2
家园	jiāyuán	home; homeland	12
假如	jiǎrú	if; in case	3
价值	jiàzhí	value	3
尖	jiān	pointed; sharp	11
坚决	jiānjué	firm; resolute	5
艰巨	jiānjù	arduous; formidable	12
艰难	jiānnán	difficult; hard	10
检讨	jiǎntǎo	to examine one's own faults; self-criticism	5
讲究	jiǎngjiu	to be particular about; exquisite; elegant	10
降	jiàng	to lower	5
焦点	jiāodiǎn	focus; central issue	7
角度	jiǎodù	point of view; angle	10
教训	jiàoxùn	lesson; moral; (unpleasant) experience to learn from	11
皆	jiē	all; each and every	11
接待	jiēdài	to receive (sb.)	6
接近	jiējìn	to be close to; to approach	6
结构	jiégòu	structure	4
结尾	jiéwěi	to end; ending	9
结账	jié//zhàng	to pay the bill	2
紧密	jǐnmì	close; inseparable	12
谨慎	jǐnshèn	prudent; careful	3
尽	jìn	to try one's best	5
进口	jìn//kǒu	to import	2
进展	jìnzhǎn	to make progress; to advance	12

经商	jīng//shāng	to engage in trade; to do business	12
救	jiù	to rescue; to save	8
就算	jiùsuàn	even if	7
居然	jūrán	*indicating unexpectedness*	7
居住	jūzhù	to live; to reside	10
局限	júxiàn	to limit; to confine	6
剧烈	jùliè	violent; acute; intense	11
聚	jù	to gather	4
聚集	jùjí	to gather; to assemble	1
绝	jué	most; extremely	2
均	jūn	without exception; all	6
均匀	jūnyún	even; well-distributed	3

K

开采	kāicǎi	to mine; to exploit	6
开辟	kāipì	to open up; to pioneer	12
开业	kāi//yè	(of a shop, etc.) to start business	11
靠	kào	to depend on	4
可取	kěqǔ	desirable; recommendable	11
克	kè	gram	3
刻苦	kèkǔ	assiduous; hard-working	5
肯	kěn	to be willing to	9
空巢	kōngcháo	empty nest	4
空无一人	kōngwúyìrén	not a soul in sight	5
控制	kòngzhì	to control	12
口碑	kǒubēi	public praise; reputation	2
口气	kǒuqì	tone; note (in one's voice)	7
跨国	kuàguó	transnational	9
况且	kuàngqiě	moreover	7
亏本	kuī//běn	to lose money (in business)	2
扩大	kuòdà	to enlarge	7

L

来历	láilì	source; origin	8
来源	láiyuán	source; origin; to originate	3
拦	lán	to block; to hold (sb./sth.) back	11
了不起	liǎobuqǐ	amazing; terrific	9
泪水	lèishuǐ	tear(s)	1
礼轻情意重	lǐ qīng qíngyì zhòng	The gift is trifling but the feeling is profound.	4
立即	lìjí	immediately	1
利益	lìyì	interest; benefit; profit	12
连忙	liánmáng	hastily; hurriedly	5
联合	liánhé	to unite; united; joint	8
恋人	liànrén	lover; sweetheart	11
临时	línshí	temporary; ad hoc	1
浏览	liúlǎn	to glance over; to skim through	4
留言	liú//yán	to leave a message	5
流传	liúchuán	to spread; to circulate	6
流动	liúdòng	to flow	10
流通	liútōng	to circulate	10
柳德米拉	Liǔdémǐlā	transliteration of a Belarusian person's name	12
漏	lòu	to leak	7
陆续	lùxù	one after another; successively	6
录取	lùqǔ	to enroll; to admit	7
露	lù	to reveal; to show	1
逻辑	luójí	logic	2

M

买单	mǎi//dān	to pay a bill	10
漫长	màncháng	(of time) very long	1
毛病	máobìng	trouble; mishap	11

闷闷不乐	mènmèn- -búlè	to feel depressed	4
免	miǎn	to avoid; to exempt	4
面前	miànqián	before; in front of	7
苗条	miáotiao	slender; slim	11
描写	miáoxiě	to describe; to depict	12
民间	mínjiān	among the people; non-governmental	6
民主	mínzhǔ	democracy; democratic	5
敏感	mǐngǎn	sensitive; susceptible	3
明确	míngquè	clear and definite; to make clear	4
模糊	móhu	blurred	1
模式	móshì	pattern; model; mode	6
陌生	mòshēng	strange; unfamiliar	7
莫过于	mòguòyú	nothing is more... than	12
默默	mòmò	quietly; silently	1
模样	múyàng	appearance; look	9

N

难免	nánmiǎn	hard to avoid	5
闹	nào	to do; to make; to handle	4
嫩	nèn	tender; delicate	8
能干	nénggàn	capable; competent	9
年代	niándài	age; years; time	9
念念不忘	niànniàn- -búwàng	to bear in mind constantly	2
宁可	nìngkě	would rather	10
农业	nóngyè	agriculture; farming	6
浓	nóng	dense; strong	7

O

偶然	ǒurán	by accident; accidental	1

P

派	pài	to dispatch; to appoint	4
抛弃	pāoqì	to abandon; to forsake	8
赔本	péi//běn	to sustain losses in business	2
赔偿	péicháng	to compensate; to make good a loss	11
配	pèi	to find sth. to fit sth. else	7
碰	pèng	to meet; to run into	9
批准	pīzhǔn	to ratify; to approve	9
疲倦	píjuàn	tired and sleepy	1
频繁	pínfán	frequent; often	12
品	pǐn	article; product	2
品种	pǐnzhǒng	variety; type	2
平常	píngcháng	ordinary; common; ordinary days	3
平等	píngděng	equal	9
平方	píngfāng	square (used to measure area)	6
评价	píngjià	comment; to evaluate	2
凭	píng	based on; according to	7

Q

期间	qījiān	period of time	3
期望	qīwàng	to ardently hope; to expect	7
齐国	Qíguó	the State of Qi	8
其余	qíyú	the others; the rest	11
起源	qǐyuán	to originate; origin	8
恰当	qiàdàng	proper; appropriate	3
前进	qiánjìn	to advance; to go forward	12
浅	qiǎn	(of a color) light	7
欠	qiàn	to owe	1
强烈	qiángliè	strong; intense	2
抢救	qiǎngjiù	to rescue	9
巧	qiǎo	skillful; ingenious	3
亲密	qīnmì	intimate	7
亲切	qīnqiè	cordial; kind	4
亲身	qīnshēn	personal; first-hand	12
亲自	qīnzì	personally; in person	5

秦国	Qínguó	the State of Qin	8
勤劳	qínláo	diligent; hard-working	6
轻视	qīngshì	to belittle; to look down on	9
清	qīng	with nothing left	10
请求	qǐngqiú	request; to request	9
求职	qiúzhí	to seek employment	7
驱赶	qūgǎn	to drive away	8
屈原	Qū Yuán	Qu Yuan (c. 340–278 BC), a Chinese poet and politician	8
取消	qǔxiāo	to cancel	1
圈子	quānzi	circle (of people)	4
权力	quánlì	power; authority	2

R

绕	rào	to make a detour; to bypass	7
热点	rèdiǎn	hot topic	11
热门	rèmén	hot; popular; in great demand	10
人才	réncái	talent; person of ability	12
人工	réngōng	man-made; artificial; manual work	11
人家	rénjia	I; me (in an intimate or joking tone)	7
人间	rénjiān	human world	9
人情味	rénqíngwèi	human touch	1
人为	rénwéi	man-made; human-caused	11
忍	rěn	to bear; to endure	1
认同	rèntóng	to identify with; to acknowledge	9
仍	réng	still; yet	9
日程	rìchéng	schedule	4
融洽	róngqià	harmonious	4
入学	rù//xué	to enter a school	10

S

洒	sǎ	to sprinkle; to spray	7
塞	sāi	to plug; to fill in	11
色彩	sècǎi	color	9
傻	shǎ	stupid	7
善良	shànliáng	good; virtuous; kind-hearted	9
伤害	shānghài	to injure; to harm	5
商务	shāngwù	business; commerce	12
少数	shǎoshù	minority	2
舍不得	shěbude	to hate to part with; to begrudge	8
升高	shēnggāo	to rise	3
生	shēng	unripe; raw	3
生怕	shēngpà	for fear of; lest	7
省略	shěnglüè	to leave out; to omit	7
失落	shīluò	to feel a sense of loss	1
诗	shī	poem	8
诗人	shīrén	poet	8
时差	shíchā	time difference	5
时刻	shíkè	moment; all the time	2
时髦	shímáo	fashionable; stylish	11
实习	shíxí	to do an internship	12
食用	shíyòng	to be used for food	3
使得	shǐde	to make; to cause	6
始终	shǐzhōng	all the time; whole process from beginning to end	8
事件	shìjiàn	incident; event	5
事实	shìshí	fact	7
事先	shìxiān	in advance	1
手段	shǒuduàn	means	9
手术	shǒushù	to perform an operation; surgical operation	9
寿命	shòumìng	lifetime; lifespan	9
售	shòu	to sell	2
熟	shú	ripe; cooked	3
数	shù	a few; several	5

说法	shuōfǎ	statement; version	8
丝绸之路	sīchóu zhī lù	Silk Road	12
思维	sīwéi	thought; thinking	6
死亡	sǐwáng	to die	12
四周	sìzhōu	four sides; periphery	6
似乎	sìhū	as if; seemingly	1
松散	sōngsǎn	loose	4
随后	suíhòu	shortly afterward	7
随即	suíjí	soon after that	1
随之	suí zhī	to follow (sth. else)	10
损失	sǔnshī	to lose; loss	3
索取	suǒqǔ	to ask for; to demand	7

T

谈话	tán//huà	to have a talk	5
谈论	tánlùn	to discuss; to talk about	10
探索	tànsuǒ	to explore; to probe	12
逃	táo	to run away; to escape	12
疼爱	téng'ài	to love dearly	10
提倡	tíchàng	to advocate	4
体会	tǐhuì	to know from experience; understanding	10
体贴	tǐtiē	to show consideration for; to be thoughtful	7
替	tì	to take the place of	1
天然	tiānrán	natural	6
天真	tiānzhēn	innocent; naive	7
挑选	tiāoxuǎn	to select; to pick out	4
调解	tiáojiě	to mediate; to reconcile	4
贴	tiē	to paste; to stick	1
听从	tīngcóng	to obey; to follow	9
通道	tōngdào	passageway; thoroughfare	12
痛快	tòngkuài	to one's heart's content	8
偷偷	tōutōu	stealthily; secretly	11
投	tóu	to throw; to pitch	8
投诉	tóusù	to appeal; to complain	2
投资	tóu//zī tóuzī	to invest; investment	10
透过	tòuguò	to penetrate; to get through	1
途径	tújìng	way; channel	11
团结	tuánjié	to unite; (of a group) solid; cohesive	12
推辞	tuīcí	to decline; to refuse	5
推广	tuīguǎng	to popularize	4
退	tuì	to return (goods, etc.)	1
脱离	tuōlí	to separate (oneself) from; to get rid of	11

W

歪	wāi	askew; crooked; slanting	11
外交	wàijiāo	diplomacy	8
外貌	wàimào	looks; appearance	11
弯	wān	curved; to bend	9
挽回	wǎnhuí	to retrieve; to redeem	11
晚年	wǎnnián	one's later years	4
万一	wànyī	just in case	9
威胁	wēixié	to threaten	4
微乎其微	wēihūqíwēi	very little	7
微小	wēixiǎo	tiny; little	7
微笑	wēixiào	to smile; smile	2
围绕	wéirào	to encircle; to center around	6
伟大	wěidà	great; extremely good and impressive	8
未免	wèimiǎn	a bit too; rather	10
温和	wēnhé	mild; temperate; gentle	9
温柔	wēnróu	gentle and soft	2
文明	wénmíng	civilization; civilized	12
文字	wénzì	characters; written language	12
问好	wèn//hǎo	to send one's regards to	9

问候	wènhòu	to send one's regards to; to greet	4
握手	wò//shǒu	to shake hands	9
无动于衷	wúdòng-yúzhōng	aloof and indifferent	5
无所谓	wúsuǒwèi	to not matter; to not care	2
务必	wùbì	must; be sure to	3
物品	wùpǐn	article; goods	11

X

西汉	Xī Hàn	Western Han Dynasty (206 BC–25 AD)	12
西域	Xīyù	the Western Regions, a historical name for Xinjiang and the eastern part of Central Asia	12
吸取	xīqǔ	to absorb; to assimilate	11
吸收	xīshōu	to absorb	3
细节	xìjié	details; particulars	2
细菌	xìjūn	germ; bacterium	3
夏令营	xiàlìngyíng	summer camp	5
显然	xiǎnrán	obvious; evident	7
相关	xiāngguān	to be related; to be relevant	10
相应	xiāngyìng	to act in response; to correspond to	9
想念	xiǎngniàn	to remember with longing; to miss	5
想象	xiǎngxiàng	to imagine	5
向往	xiàngwǎng	to yearn for	12
象征	xiàngzhēng	symbol; to symbolize	6
消息	xiāoxi	message; news	1
销	xiāo	to sell	6
小组	xiǎozǔ	group	4
孝顺	xiàoshùn	to show filial obedience	10
歇	xiē	to have a rest	1
心态	xīntài	mentality	5
信号	xìnhào	signal	5
行程	xíngchéng	journey; itinerary	1
形势	xíngshì	situation; circumstances	12
形态	xíngtài	form; shape	6
形象	xíngxiàng	image; impression	11
形状	xíngzhuàng	form; shape	6
幸亏	xìngkuī	fortunately	11
匈奴	Xiōngnú	Xiongnu, an ancient nomadic group in north China	12
修	xiū	to repair; to trim	7
虚心	xūxīn	modest; open-minded	12
学术	xuéshù	scholastic learning; academic study	12
学问	xuéwen	learning; knowledge	3
学院	xuéyuàn	college; educational institute	12
学者	xuézhě	scholar	12

Y

延长	yáncháng	to lengthen	9
延伸	yánshēn	to extend; to stretch	12
严肃	yánsù	serious; solemn	9
言语	yányǔ	speech; what one says	1
沿	yán	along	6
眼泪	yǎnlèi	tear (s)	5
眼神	yǎnshén	expression in one's eyes	1
宴会	yànhuì	banquet; feast	3
养老	yǎng//lǎo	to live out one's life in retirement	4
依然	yīrán	as before; still	5
一带一路	yí dài yí lù	Belt and Road Initiative	12
一道	yídào	together	12
遗憾	yíhàn	regret; regretful	9
一律	yílǜ	without exception	8
遗忘	yíwàng	to forget	2
一系列	yíxìliè	a series of	11
一再	yízài	time and again	9
以便	yǐbiàn	so that; so as to	9
以及	yǐjí	and; as well as	2

以免	yǐmiǎn	in order to avoid	3
一心	yìxīn	wholeheartedly; of one mind	8
义务	yìwù	duty; obligation; compulsory	4
亦	yì	also	12
引发	yǐnfā	to trigger; to cause	4
隐藏	yǐncáng	to hide; to conceal	7
英俊	yīngjùn	handsome	7
迎面	yíng//miàn	head-on; face to face	7
应付	yìngfu	to perfunctorily deal with; to be not serious about	7
拥抱	yōngbào	to hug; to embrace	1
优惠	yōuhuì	(of price) preferential; favorable	2
优美	yōuměi	graceful; fine	5
优雅	yōuyǎ	graceful; elegant	9
优越	yōuyuè	advantageous; superior	6
优质	yōuzhì	of a high quality	10
有限	yǒuxiàn	not many/much; limited	5
有益	yǒuyì	profitable; beneficial	3
与其	yǔqí	rather than; instead of	10
语气	yǔqì	tone; manner of speaking	2
预防	yùfáng	to prevent	3
预先	yùxiān	beforehand; in advance	8
原理	yuánlǐ	theory	2
原始	yuánshǐ	primitive; primeval	6
缘故	yuángù	reason; cause	3
愿望	yuànwàng	desire; wish	4
约	yuē	about; around	6
运输	yùnshū	to transport	6

Z

灾	zāi	disaster; calamity	4
赞美	zànměi	to praise	8
遭到	zāodào	to suffer; to meet with	8
糟	zāo	bad; in a mess	7
炸	zhá	to deep-fry	1
占领	zhànlǐng	to capture; to occupy	8
战国	Zhànguó	Warring States Period (475–221BC)	8
蘸	zhàn	to dip in	3
张骞	Zhāng Qiān	Zhang Qian, a Western Han official and diplomat	12
账户	zhànghù	account	1
招待	zhāodài	to receive (guests); to serve; to entertain	5
招呼	zhāohu	to summon; to call; to greet	4
真实	zhēnshí	true; real	7
镇静	zhènjìng	calm; sedate; to calm down	9
争取	zhēngqǔ	to strive for; to fight for	8
整	zhěng	to put in order; to rectify	11
整容	zhěng//róng	to get cosmetic surgery	11
整体	zhěngtǐ	whole; entirety	2
政治	zhèngzhì	politics	6
挣	zhèng	to earn	1
之处	zhī chù	point; part	11
脂肪	zhīfáng	fat	3
值	zhí	to come upon (a certain time or occasion)	8
值	zhí	worthwhile; worth	11
止	zhǐ	to stop	9
至	zhì	to; until	9
至于	zhìyú	as for	3
至于	zhìyú	to go so far as to	8
志愿者	zhìyuànzhě	volunteer	4
制度	zhìdù	system; institution	8
制约	zhìyuē	to restrict; to confine	10
治	zhì	to treat; to cure	9
治疗	zhìliáo	to cure; to treat	4

中央	zhōngyāng	center	6
中原	Zhōngyuán	Central Plains, referring to the middle and lower reaches of the Yellow River	12
终	zhōng	end	2
种植	zhòngzhí	to plant; to grow	6
重大	zhòngdà	great; weighty	12
主观主义	zhǔguānzhǔyì	subjectivism	5
主任	zhǔrèn	director; head	9
主张	zhǔzhāng	to advocate; opinion; proposal	8
注视	zhùshì	to look attentively at	2
抓	zhuā	to grab; to seize	7
抓紧	zhuā//jǐn	to grasp; to seize; to hold firmly	5
转眼	zhuǎnyǎn	in an instant; in a flash	1
转移	zhuǎnyí	to shift; to transfer	10
装饰品	zhuāngshìpǐn	ornament; adornment	9
装修	zhuāngxiū	to fit up (a house, etc.)	10
着手	zhuóshǒu	to get started with	1
准	zhǔn	definitely; sure	1
咨询	zīxún	to seek advice from; to consult	2
姿势	zīshì	posture; pose	7
资格	zīgé	qualifications	10
自身	zìshēn	oneself	10
自私	zìsī	selfish	1
自愿	zìyuàn	of one's own accord; to volunteer	7
自作多情	zìzuò-duōqíng	to be under the hallucination that the other party is willing; to be self-assertive	5
渍	zì	stain	7
综合	zōnghé	to synthesize; to combine	12
走南闯北	zǒunán-chuǎngběi	to travel widely	1
足以	zúyǐ	to be enough to; to suffice to	3
足足	zúzú	as much as	5
阻止	zǔzhǐ	to prevent; to stop	11
组合	zǔhé	combination; to compose	4
最初	zuìchū	initial; first	11
作用	zuòyòng	effect; impact	11